ウニベルシタス研究所叢書

大学をいかに経営するか

村上雅人　著

飛翔舎

ウニベルシタス研究所叢書発刊にあたって

　ウニベルシタス研究所叢書は、日本の大学教育をよりよきものにしようと奮闘する教職員への応援歌です。

　いまは、18 歳人口の減少により大学に厳しい時代と言われ、経営難に直面している大学もあります。しかし、高等教育機関である大学には「日本の将来を支える人材を育成する」という重要な使命があります。この本質を理解し、大学の本来のミッションである教育、研究を大学運営の中心に据えれば、大学は評価され経営も安定するはずです。

　本叢書は、大学、そしてそれを支える皆さんに「がんばれ」のエールを送るとともに、大学運営や教職員の役割などについて経験豊富な執筆陣が Tips を語ります。本叢書が、大学が本来の使命を全うするための道標となれば幸いです。

ウニベルシタス研究所叢書編集委員会
大工原孝（ウニベルシタス研究所所長）
井上雅裕、高橋剛、寺尾謙、村上雅人
2023 年　2 月

まえがき

　大学の若手職員の勉強会にオブザーバーとして参加する機会がありました。あるテーマに沿った外部講師を呼んで講演を聴いたあと、参加者が議論を進めるという会です。仕事の終わった夕刻からのスタートでしたが、みな熱心に議論する姿に感心させられました。

　その際、気になるコメントを多くの参加者から聞きました。いわく、大学の仕事は複雑すぎて、自分が何をしているのかを見失ってしまうというのです。確かに、大学の業務は多岐にわたっており、複雑化しているのも事実です。

　一方で、大学の本来の使命は、「教育と研究を通して人材を育成する」ことです。大学の教員も職員も、この本質を理解し、原点にかえって大学運営にあたれば、迷うことはないはずです。

　「ひとを育てる」という仕事は、大変やりがいのある仕事です。大学の教職員の皆さんは誇りと自信をもって、職務に邁進していただきたいと思います。そうすれば、おのずと道は拓けるはずです。

2023 年　2 月

著者　村上雅人

もくじ

第1章　大学経営

「私立大学なんて儲からないよ」

「理事長、大学は金儲けのために存在するのではありません。教育研究を通して社会に貢献するのが使命です」

「なんだ。やはり儲からないじゃないか」

　この章では、大学経営に苦しんでいる大学が、どうすれば経営を立て直すことができるかという視点に立って提言を行います。もちろん、経営的に問題のない大学にとっても参考になるはずです。

　実は、大学経営の立て直しは、少し時間はかかりますが、けっして難しいことではないと思っています。**大学の使命** (university mission) が何かを原点に戻って見つめ直し、本来、大学がすべきことを着実に実行するだけで良いのです。

　大学の使命は

1　**教育** education

2　**研究**　research

3　**社会貢献** social contribution

と言われています。なかでも「教育と研究を通して学生を育成する」ことは、その根幹をなす両輪です。この軸をしっかり充実させれば、大学の社会的評価が高まり、志願者からも魅力のある存在となるはずです。

　そして、教育、研究にはお金をかけても、豪華な建物や無駄な装備品などには金をかけないことです。そんな金があるならば、奨学支援やデジタル環境の整備に投資すべきです。

1.1.　大学進学者の減少

　いまは、大学冬の時代と言われています。かつての日本では、18 歳人口の増加や大学進学率の上昇とともに、私立大学の数も増えました。昭和 30 (1955) 年には 122 校でしたが、令和 4 (2022) 年には 604 校 (12 校の専門職大学を含みます) となっています。

　この私立大学数の増加に関しては、簡単に大学をつくりすぎたと非難する声もありますが、一方で、日本の高等教育の拡大に貢献してきたのも事実です。

　国立や公立大学を増やすには、政府の支出を伴います。国立大学は、まさに国家予算を基軸にしており、毎年 1 兆円を超す運営費交付金が充てられています。公立大学設立には文部科学省の予算ではありませんが、総務省所管の地方交付税が使われており地方自治体からの支援もあります。いずれも公的資金です。

これに対し、私立大学数の増加には、税金を使わずに、高等教育の拡大が可能となったという側面があります。いまは、私立大学にも私学助成という公的資金が毎年 3000 億円補助されています。ただし、学生一人当たりに換算すれば、国立大学の 1/10 以下でしかありません。国立大学は 86 大学に対し 1 兆円ですが、私立大学は 603 大学に 3000 億円です。平均すれば国立大学は 1 校あたり約 116 億円、私立大学は 5 億円程度となります。

　ところで、日本のように、比較的短期間で大学数が増えた例は、海外では、教育の自由競争を標榜しているアメリカぐらいです[1]。もともと、ヨーロッパでは高等教育が無償の国が多く、公的支援も厚かったため、教育の拡大には多額の国家予算の支出を伴うのです。20 世紀後半に、多くの国が国家財政の危機に見舞われたヨーロッパでは、公的支出を伴う大学の新設は無理な話だったのです。

　一方、日本での私立大学設立ラッシュに関しては、玉石混交という指摘もありました。その背景のひとつに、平成 3 (1991) 年の大学設置基準の大綱化があります。いわゆる規制緩和によ

---

[1] アメリカは教育においても自由競争を旨としており、州立大学、私立大学、そして、日本の株式会社立大学に相当する営利大学など多種多様の大学があります。この他にも州立大学への編入が可能な Community College などもあり、その総数は 4700 を超えます。そして、学費が高くとも、ヨーロッパやアジア、インドから多くの学生を集めてきました。

って、大学設置がしやすくなったことです。設置申請を容易にする替わり、事後のチェックを厳しくするという方策をとったのです。自由かつ多様な形態で大学教育を実施しうることを目的とした緩和でしたが、一方で、十分な**教育の質保証** (quality assurance of education) が担保されていない大学が設立されたのも事実です。

平成 3 (1991) 年の私立大学の数は 378 校でしたが、令和 4 (2022) 年には 604 校まで増えたのですから急拡大です。それでも、受験者数が増加する時代には、なんとかやってこれたのです。しかし、いまや 18 歳人口は減少傾向に入っています。平成 4 (1992) 年の 205 万人をピークに、平成 30 (2018) 年には 118 万人まで減少し、2030 年には 103 万人となります[2]。この結果、定員割れする私立大学も増えており、実際につぶれる大学も出てきました。

1. 2.　大学経営の収支

ここで、少し立ち止まって考えてみましょう。

大学数増加　→　志願者の減少　→　大学倒産

という図式は一見分かりやすいですが、すべての大学が倒産しているわけではありません。実は、日本の私立大学は、志願者

---

[2] 2012 年の出生数が 103 万人です。2021 年の出生数は 81 万人ですから、2039 年の 18 歳人口は、ここまで減ります。2018 年以降 18 歳人口が減ることから、2018 年問題と呼ばれています。

数さえ確保できれば大学経営がうまくいく構造となっています。
大学の経常収支は

大学の経常収支 ＝ 経常収入－経常支出

> **経常収入**：学納金、手数料、寄付金、私学助成など
>
> **経常支出**：人件費、教育研究費、管理費など

と与えられます[3]。そして、これが黒字ならば、経営は問題ない
ということになります。ただし、各大学が公表しているデータ
をみると、約70%の大学で経常収支差額がマイナスとなってい
ます。これは、少し由々しき事態ではないでしょうか。

　日本の私立大学では、経常収入の 70-80% が学納金（学生納
付金）です。つまり、学生定員さえ確保できれば、その主な収
入源が確保できることを意味します。不正さえなければ、国か
らの補助金（私学助成で経常収支の10%程度）も入ってきます。
これらの収入で、本来、大学の経営は成り立つのです。

　そのうえで、経常収入の範囲内で、教育研究にかかる経費や
管理費ならびに教職員の人件費を賄えばよいのです。実に単純

---

[3] 平成25 (2013) 年に学校法人会計基準の改正が行われました。それま
では、経常収入は帰属収入、経常支出は消費支出と呼ばれていました。
現在でも、多くのひとは帰属収入、消費支出という用語を使っていま
す。

な構造です。

　「私立大学の経営にも民間の知恵を」と口にするひとがいます。文科省関連の様々な委員会の民間委員からも厳しい意見が寄せられます。しかし、大学は企業のように利潤を追求する存在ではありません（もちろん、民間企業にも社会的責任 social responsibility があり公益が求められています。ESG 投資[4]などが、その一例です）。

　大学は、定員で決まった人数の学生を受け入れ、収入の範囲内で、可能な限りよい教育研究を施し、その活動を通して社会に有為な人材を輩出する組織です。人気があるからと言って、いたずらに学生数を増やして収入を確保するということはできないのです。モノをたくさん売れば儲かるという構造ではないのです。

　もちろん、「限られた予算の中で、最大限の効果を発揮できるよう努める」という観点では共通項もあります。これは、大学経営の重要な側面ですが、すべての営利/非営利組織に求められることであり、民間的手法ではありません。

1. 3.　基本金組入れ

　私立大学では将来に備えた準備も必要とされます。キャンパ

---

[4] ESG は Environment 環境、Social 社会、Governance ガバナンスの略であり、環境を含めた社会の持続的発展に寄与する企業に投資すべきという考えです。

スの改修やインフラ整備などに費用がかかるからです。ただし、教育研究に必要のない建物や設備に金をかけている大学も多く、経営を圧迫する一因です。本当に必要なものかどうかは、大学の本来の使命に照らして判断すべきです[5]。

　もちろん、大学として将来への備えは必要です。このため、私立大学では、経常収支の黒字分から**基本金** (endowment) として積み立てをしています。これを**基本金組入れ**と呼んでいます。基本金には、以下の1号から4号まであり、それぞれ使えるお金が決まっています。

　1号：自己資金で取得した校地・校舎、機器備品、図書など
　　　　固定資産の取得価額

　2号：固定資産を取得する目的で留保した預金などの資産の総額

　3号：奨学基金、研究基金などの資産の額

　4号：学校法人の円滑な運営に必要な運転資金の額

　まず、第1号基本金は固定資産に相当するので、使える基本金でありません。第3号基本金は、特定目的のみに使用できるものです。第4号基本金は、大学運営が破綻した場合のお金です。よって、このなかで、大学が新たな施設・設備を取得するために留保されている第2号基本金のみが、使用可能な基本金となります。よって、その額が多いほど、大学に財政的な余裕

---

[5] ある大学では、理事会が、10年しかたたない建物を壊して、新築しようとしていると聞きました。教員は、そんな金があるなら奨学金に回せと言いたいと憤慨していました。

があるということが言えます。

　基本金組入れは民間企業にはない、私立大学における学校会計の特殊性と言われています。しかし、将来に備えることは、ごく当たり前のことです。キャンパス修繕が必要なときに一銭もないのでは始まりません。また、大学は企業と異なり、大儲けすることもありません。ですので、毎年の収支差額の黒字分を地道に積み立てていくことになります。

　一方、経常収支が赤字の大学では、将来への備えである第 2 号基本金を取り崩す必要があります。よって、どんどん経営が苦しくなるのです（将来、黒字になれば返せるからと借金をする大学もあります）。ただし、いろいろな大学の財務状況を見ると、第 2 号基本金がゼロの大学が、私立大学のかなりの割合を占めると言われています。これは、各年度の経常収支のなかで、施設設備費を賄っているためと考えられます。このため、単純に第 2 号基本金がない、あるいは、少ないから、その大学の経営が危機とは言えないことを付記しておきます。

　もちろん、分不相応な豪華な建物を建てたり、スポーツ競技に過度の出費をしたり、理事に多額の報酬を支払ったり、経営者が投資に失敗して借金を抱えるところもあります[6]。つまり、

---

[6] 教育に関する見識のない経営陣が牛耳っている私立大学が抱えている問題かもしれません。特に 2014 年以降、大学の最高意思決定機関を理事会としたことで、教育に関係のない事業に金を使う大学も増えています。

本来の大学の使命からはずれた事業で失敗している例です。

このような大学は論外ですし、一般ケースとして扱うことはできません（残念ながら、つぶれる大学には、このような大学が多いのも事実ですが）。

1.4. 教育を充実させる—それが鍵

それならば、不正などもなく、普通に大学運営をしている（つもり）にもかかわらず、経営の苦しい大学とは、どのような大学でしょうか。それは、学生定員を満たせていない大学です。

それでは、なぜ志願者が減っているのでしょう。それは、大学の本分である教育、つまり人材育成をおろそかにしていることが原因です。自大学の教育に問題があることを認識できていない大学とも言えます。

実は、ある大学で「教育」の重要性を話したことがあります。すると、「本学は、しっかりとした教育を行っている。それでも学生が集まらない」と言われました。ところが、実態を見ると、その大学の教育は、とても充実していると言えるものではなかったのです。むしろ、現在の大学に要求されている「教育質保証のレベル」をまったく満足していませんでした。

逆に言えば、教育をしっかり行えば、志願者は戻ってきます。「志願者が減った。それならば、レベルを落としてでも学生を受け入れよう」このような発想では悪循環に陥るだけです。教

育レベルも下がり、やる気のある学生からも敬遠されるようになります。移籍先があれば、心ある教員も去っていくでしょう。

　それでは、どのような教育をすればよいのでしょうか。結論から言えば、それは、それほど難しくないのです。<u>まわりの大学を見渡せば、見本となる好事例、いわゆる good practice がたくさんあるからです。</u>それを見習えばよいのです。

1.5.　自分たちで調べる

　このとき重要なのは、見本となる好事例については、自分たちで調べることです。大学によっては、外部のコンサルタントなどに委託し、その報告書を読むだけのところも多いです。そして、それで満足してしまい、実行に移すことはありません（だからこそ、改革が進まないのですが）。

　そうではなく、自分たちの目で事例をよく検討し、自大学で何が足りないかを明確にし、その改善策を確実に実行することが必要です。他人事ではなく、自らの問題と認識し、行動に移す。これが重要なのです。

　次章以降では、教育改革に何が必要なのかについて具体的な内容を紹介していきます。

閑話休題

　1970 年代に**ボストンカレッジ** (Boston College) というアメリカの大学が学生獲得に苦戦し、経営が悪化しました。アメリカの大学でも一部の一流大学は別にして、学生の学費が収入の大部分を占める大学が多いのです。

　そこで、彼らがとった再生の道は、それまで教員の自由に任せていた教育を、大学として組織的なものに変えることでした。

　具体的には、大学としての人材育成目標を明確にし、その目標を達成するための教育課程の編成に取り組んだのです。その結果、志願者が増え、大学は再生したのです。日本の私立大学にとって参考になるエピソードです。

　ちなみに、カレッジという名称から単科大学をイメージしがちですが、ボストンカレッジは学生数 14000 人を誇る総合大学です。

第2章　教育のどこを変えるか

私立大学の教育なんかどこも同じだよ。教室に大量の学生を入れてマスプロ授業をしていれば儲かる仕組みだ。

学生だって、真面目に勉強しようとは思っていないしね。

　　教育改革においては、教育の質そのものを向上させるという視点とともに、不要な教育コストにメスを入れることも必要となります（もちろん、不要なコンクリートにメスを入れることは、もっと重要ですが）。

　　教育コストを減らすと言うと、教育をないがしろにするのかと怒られそうですが、決してそうではありません。必要なところには、どんどんお金をかければよいのです。無駄を省けばよいだけです。

　　実は、大学ならびに教職員が勘違いしているために、大学が良かれと思って進めている事業でも、コストがかかったうえで、学生の満足度が低下する場合もあるのです。

2. 1.　卒業に必要な単位

4年制大学において、**学士の学位** (bachelor's degree) を取得するために必要な**単位** (credit) は124単位です。

1科目2単位とすると、4年で62科目、1年にすれば16科目程度、半期で8科目となります。週4日とすれば、1日2科目です。この62科目に、大学として目ざす人材育成のための科目群を配置すればよいのです。

ところが、多くの大学では、62科目よりも、はるかに多い科目数を用意しており、いろいろな意味で、不必要な教育コスト（たとえば教室の手配、講師の手配、時間割の調整ならびにこれに関わる管理経費など）を迫られることになります。

さらに、選択の幅がありすぎて、学生も教員もどのような科目を履修すべきかが分からなくなっている例もあるのです[7]。必修科目と選択必修科目があり、さらに、基礎科目や専門科目、それぞれに、卒業までに取得すべき制約があります。このため、卒業単位の124単位は十分取得しているのに、卒業要件を満たしていないために卒業できなかったという悲劇も生じています。

---

[7] 新入生から履修登録の相談を受けた教員が困るという事例を聞きました。教員も、どんな科目があるか、すべてを把握していないからです。このため、多くの大学では、標準的な履修モデルを示すようになっています。

2.2.　単位と学修時間

　週に 8 科目でよいと聞くと、多くの大学人や学生からは「たったそれだけでいいんだ。それならスカスカの授業ではないか」と言われそうです。実は、そこに大きな誤解があるのです。

　2 単位を取得するためには 90 時間の学修時間（1 単位では 45 時間）が必要になります[8]。このうち 30 時間は大学の授業です。そして、30 時間の予習（授業の事前の準備学修）と、30 時間の復習が必要となるのです。

　これだけの学修時間を満たすためには、教員も学生も真剣に授業に取り組む必要があります。決して、スカスカではないのです。科目数を減らすかわりに、個々の授業の教育内容と密度を上げる工夫が求められます。

　日本の多くの大学では、2 単位 1 科目に 90 分×15 回（＝1350 分）を授業時間としてあてています。計算上、22.5 時間で、30 時間には足りていませんが、90 分を 2 時間授業相当とみなしているのです。つまり 1 時間授業は実質 45 分という考えです。アメリカでの academic hour、つまり授業としてカウントされる 1 時間は 50 分とされています（もちろん、アメリカ全土で統一されているわけではありません）。

　また、授業時間外で、期末試験や中間試験を行ったり、その答え合わせの時間も学修時間に入るという考えもあります。最

---

[8] 大学設置基準（昭和 31 年、文部省令第 28 号）に規定されています。

近では 15 回の授業では、夏休みの活動や、海外交流などに支障があることから、100 分×14 回（＝1400 分）、105 分×13 回（＝1365 分）を採用する大学もあります（いずれの場合も 90 分授業 15 回よりも実質的な授業時間は長くなっています）。

　これだけ長い時間では、教員も学生も集中力が切れてしまうという指摘もあります。90 分授業でも、105 分授業でも、抑揚のない一方通行の講義では、当然、そうなるでしょう。

　しかし、いまでは、集中力を維持し、学生の主体性も喚起できる授業構成が提案されています。このような授業を取り入れることも重要です。授業方法の工夫に関しては、後ほど、あらためて紹介します。

2.3.　学修時間の確保

　授業時間の実質時間の考え方については、いまだに議論がありますが、実は、日本の大きな課題は学生の時間外学修時間です。これが、ほぼゼロに近い授業が多いとされ、問題視されているのです。

　授業に出ただけで単位が取れるならば、履修科目数を多くすることができます。中には、卒業までに 200 単位以上取得する強者も出てきます。他にも、頑張れば半期で 50 単位もとれる良い大学だと宣伝するところもあります。

　しかし、大学設置基準に規定されている 2 単位を取得するた

めには 90 時間の学修が必要という条件を考えれば、半期で 50 単位を取得することは不可能なのです。

　少し計算してみましょう。1 単位に必要な学修時間は 45 時間です。50 単位では、45×50＝2250 時間です。半期 15 週とすると、土日を含めて毎日勉強したとして、7×15 ＝ 105 日です。2250 ÷ 105＝21.42...となり、毎日 21 時間以上の学修時間必要となります。これは不可能です。つまり、50 単位与えるということは、単位の質保証ができていないことを意味します。

2.4.　キャップ制

　実は、いまでも、学生が頑張れば 1 学期（半期）で 50 単位をとれると思っている教員がいるはずです。しかし、それは授業時間しか考えていないからです。前後の予習、復習の時間が、すっぽり抜け落ちているのです。これでは教育の質保証はできません。

　なにより、海外から日本の学位そのものに疑問が投げられてしまいます。いわく「学生に薄めたスープを大量に飲ませ、消化不良を招いている」です。

　この問題に関して、文科省も動きました。平成 11 (1999) 年に、大学設置基準に一文が付されたのです。「1 年あるいは 1 学期に履修科目として登録できる単位数の上限」に関する記述が入ったのです。ただし、そこには「上限を定めるよう努めなけ

ればならない」と書かれています。

　このように、履修登録科目数に上限を課すことを**キャップ制**(capping) と呼んでいます。cap は帽子のことです。上限をかぶせることを帽子にたとえた比喩です。

　ただし、努力義務ですから、多くの大学は言うことを聞きません。キャップがないほうが、学生の利益になると考える教員が多いからです。せっかく、やる気を出した学生の意欲を摘んではいけないという考えのようです。それも理解できます。

　もちろん、「1 単位取得するのに 45 時間の学修時間が必要」という大学設置基準の規程から逆算すれば、おのずと上限は規定されます。しかし、「土日も徹夜で頑張った学生もいる」などと抗弁されると、反論は難しいです。

　ところで、アメリカの大学では、学費が定額ではなく履修登録した科目に費用を払う場合が多いのです。このため、おのずと履修科目数に制限がかかるという指摘もあります。日本でも、同様の制度を導入すべきという意見もあるくらいです。しかし、この方式ですと、授業料収入が入る時期に遅れが生じます。私立大学としては、なかなか難しい問題をはらんでいます。

2.5.　大学認証評価制度

　努力義務だけでは、キャップ制の導入は、なかなか進みません。実は、大学設置基準では努力義務となっていますが、大学

認証評価では、キャップ制の導入は指摘事項となっているのです。つまり大学として取り組まないといけないものとなります。

平成 16 (2004) 年度から、すべての大学は 7 年に 1 度、文部科学大臣が認証する機関[9]の評価を受けることが法律で義務付けられました。大学設置基準の大綱化によって、事前評価から事後評価に替わった一環です。

そして、認証評価においては、キャップ制を導入していない大学には指摘がなされるようになったのです。教育の質保証、ならびに、1 単位取得するために 45 時間の学修が必要という単位の実質化を考えれば、取得可能な単位数に上限を設けるのは当然と言えるからです。

このように、キャップ制の導入は努力義務であっても、教育の質保証や単位の実質化の観点から、上限の設置が大学認証評価では、求められているのです。

2.6.　授業外学修時間調査

学生の授業外学修時間調査によると、日本では、学修時間ゼロという大学 1 年生が 10% にも上ります。また、日本では 50%以上の学生の学修時間が週 5 時間以下というデータも報告されています。アメリカでは、宿題などを課しているので、日本よ

---

[9] 大学認証評価機関としては、令和 4 (2022) 年現在、独立行政法人大学改革支援・学位授与機構、公益財団法人である日本高等教育評価機構と大学基準協会など 5 機関があります。

りも授業外学修時間は長く、50% が 11 時間と回答しています。

　ところが、理系の 4 年生になると、日本は週 28.6 時間となり、アメリカの 16.6 時間よりもはるかに長くなるのです。これは、卒業論文（卒業研究）の効果です。日本の理系学生は、4 年生では卒業研究のため、研究室でも自宅でも、よく勉強します。

　ただし、課題もあります。これだけ長時間従事しても与えられる単位数が少ないのです。半期で 2 単位しかつかない場合もあり、バランスがよくありません。卒業研究の単位の実質化が必要です。いまの分量から言えば、少なくとも半期で 8 単位、1 年で 16 単位が必要でしょう。

　一般には、日本の大学生は勉強しないと言われていますが、理工系の多くの学生は課題などに追われていますし、卒業研究には、実験などを含めてかなりの時間をかけています。そして、学生は卒業研究を通して大きく成長します。これは、非常に効果的な**能動学修** (active learning) つまり**アクティブラーニング**です。

　私は、日本の大学が世界に誇るべき教育制度と思っています。もちろん、課題はあります。産業界からは、教員の趣味的研究の助手として学生をタダ働きさせているという非難もあります。

　しかし、この制度をうまく利用すれば、学生は大きく成長しますし、日本の大学の強みとなるはずです。この点については、後ほど紹介します。

第3章　教育課程

「うちの学生が4年間で履修できる科目数はどれくらいあるかな」

「少なくとも200科目はあると思います」

「それって少なくないかな」

　不要な教育コストにメスを入れることも重要という話をしました。ここで、多くの大学において、問題になっている開講科目数の肥大化について取り上げたいと思います。これも、日本の私立大学にとっては、深刻な問題となっています。

　そのうえで、大学としてすべきことは、人材育成目標を達成するための教育課程を設計し、それを着実に実践することであり、それができれば大学の強みになるということを紹介したいと思います。

3.1.　科目の配置

　まず、「あなたの大学では、組織的な教育の推進という観点から、適切な講義科目の配置がなされていますか」と聞かれたときに、堂々と「はい」と答えられる教員や職員が何人いるでし

ようか。

　おそらく、歴史と伝統のある大学においても、系統的な配置になってないところが多いのではないでしょうか。

　過去の経緯やしがらみもありますが、すでにある科目配置を急には変えられないという大学の特殊事情もあります。

　ある年度に入学した学生は 8 年間大学に在学することできます[10]。この学生には、その入学年度に配されていた科目を、8 年間すべて提供する必要があり、既設科目は簡単に廃止はできないという主張もあるのです。学生に不利益にならない配慮が必要というわけです。

　しかし、そんなことはありません。科目が廃止されても、代替科目を用意すればよいだけです。このような硬直的な考えでは、大学改革などできません。

3.2.　肥大しつづける科目数

　学生数 5000 名程度の大学で 6000 を超える科目を開講しているとこもあります。月曜日から土曜日まで授業を行っても、1 日 1000 科目です。教室の手配、教員の配置、非常勤講師の任用だけで多大な労力を要します。

　教員からの要求で時間帯や教室の変更もあるため、事務方の

---

[10] 標準就業年限が 4 年です。在学期間は、その 2 倍の 8 年となります。4 年の休学期間も認められていますので、在籍可能期間は 12 年となります。これは 4 年制大学の話で、医学部、薬学部は異なります。

調整も大変です。文科省の調査によると、私立大学によっては
20000 もの授業科目を開講しているところもあります。少し考
えただけで、それが、どれだけ事務負担を増やすことになるか
分かるでしょう。かかる費用もバカになりません。

　前にも紹介しましたが、1 学科やコースで開講すべき科目数
は 4 年間に 62 科目程度で十分です。しかし、実際には、この何
倍もの講義が開講されているのです。これは、科目を増やすこ
とに抵抗感がないことが一因です。定年退職をした先生を非常
勤講師として採用し、それまでの講義を継続してもらうことも
あります。そのうえで新任教員には新たな科目を担当させます。

　また、新しい分野の教育が必要になったときには、それまで
の講義科目は維持したまま、新たな科目を外部講師に依頼する
こともあります。

　もともと、科目数が多いほど、良い教育をしているという幻
想がありますから、科目数は肥大化していく運命にあるのです。
このため、教員も学生も、卒業に至るまでの履修モデルが描け
ないことさえあります。

　一方で、科目数の削減にメスを入れれば、多くの反発を買う
ことになります。まず、科目担当の教員は、鬼の形相で、「自分
の講義がなぜ不要かを説明せよ」と大学に迫ります。学生も自
分たちの選択の自由が妨げられていると苦情を寄せてきます。

3.3. 学問の不自由

さらに、かつての大学には授業内容に大学が口出しをしては
いけないという不文律がありました（いまでも、それを主張す
る教員が居ます）。その背景には、憲法24条において「学問の
自由」が保障されていることがあります。これは、自由権の一
種であり、研究・講義などの真理探究のための活動において、
他者からの干渉や制限を受けない権利とされています。

しかし、権利には、それなりの義務と責任が伴います。この
ような「自由」権だけの主張は詭弁であり、教員個人の自由裁
量に任せていたのでは、組織として、**教育の質保証** (quality
assurance of education) はできません。そして、大学として、よ
り良い教育を目指すほうの「自由」が逆に妨げられます。学生
にとってもいい迷惑です。

いまの大学では、授業によって学生がどれだけ成長したか、
つまり**学修成果** (learning outcomes) が問われているからです。

3.4. 大学に求められる3ポリシー

まず、大学には、つぎに掲げる3ポリシーを明確化すること
が求められています。

① **ディプロマポリシー**：学位授与基準であり、どのような
能力を有する人材の育成をめざすのかの方針

②　**カリキュラムポリシー**：学位を授与するために、どのような科目を配置し、どのような教育をするかの方針

③　**アドミッションポリシー**：大学として、どのような学生に入学してほしいかの方針

となります[11]。

　ここで、カリキュラム編成において重要なのは、①と②ですが、①のディプロマポリシー (DP) が基本となります。つまり、大学として、どのような人材を育成したいのかを明確化することです。さらに、DP を公的な約束として、対外的に宣言する必要があります。

　ただし、大学全体としての学位授与方針は各大学の建学の精神や理念に基づいた抽象的な表現で構いません。実際には、学部の方針、そして、より具体的な学科へと階層化されていきます。そして学科レベルでは、育成すべき能力について、学生にとって分かりやすい表記となっている必要があります。

　可能であれば、can-do **リスト** (can-do descriptor) [12]で、学修到達目標を「〇〇ができる」のように示せれば、客観的で分かりやすいので、望ましいです。いわゆる**ルーブリック** (rubric) の

---

[11] 3 ポリシーは和製英語であり、海外では通じません。
[12] can-do リストも和製英語です。英語ではリスト (list)ではなくcan-do descriptor となります。

指標に使われる基準です。ルーブリックは、個々の授業科目の評価にも利用できます。その詳細については、補遺で紹介します。

　大学によっては、より明確な指標として、外部機関の評価を採用するところもあります。これに対して、疑問を呈するひとも居ますが、私は客観的指標として分かりやすいと思います。たとえば、TOEIC (Test of English for International Communication) の点数や、英語検定試験、数学検定試験などがあります。「本学は卒業までに TOEIC 600 点を目指す」と言えば基準は明確ですし、学生は何度でもチャレンジすることができます[13]。

3. 5.　カリキュラムポリシー

　ディプロマポリシーが整備されれば、その学修到達目標を達成するための**カリキュラム** (curriculum) の編成をするのが次のステップとなります。目標が明確なのですから、配置すべき科目群もおのずと決まってきます。つまり、学修到達目標に応じた科目群を配すればよいのです。

　それもゼロからつくる必要はありません。カリキュラム構成の好事例は、日本国内の大学にもたくさんあります。また、分野によっては、アメリカなど海外にもたくさんの好事例があり、

---

[13] ただし、達成できなければ卒業できないという強い縛りではなく、代替措置を考えることも必要と思います。聴覚に問題のある学生なども居り、多様性への配慮も必要です。

アジア諸国の新興大学でも素晴らしいカリキュラムを構成しているところが、たくさんあります。それらを参考にすればよいのです。

3.5.1.　カリキュラムマップ

最近、多くの大学が作成するようになったのが**カリキュラムマップ** (curriculum map) です。これは、ディプロマポリシーに明記した学修到達目標が、どの科目によって育成できるかを表にしたものです。

この表があれば、目標と科目との対応が、教員にも学生にも分かりやすくなり、カリキュラム編成の際にも参考になります。

3.5.2.　カリキュラムツリー

カリキュラムマップと一緒に、**カリキュラムツリー** (curriculum tree) も重要となります。これは、4 年間の教育課程において、1 年から卒業まで、どの科目を、どの学年、学期で履修するのがよいかを示したものです。

教員は、このツリー作成時に、学修到達目標を達成するための道筋を思い描きながら、教員間の調整もすることになります。

一方、学生にとっては、卒業に向けて履修計画を立て、どの科目を履修登録するかの道しるべになります。つまり、4 年間の学修チャートと言えます。

そして、カリキュラムマップならびにツリーを準備することで、学修到達目標を達成するための学修過程がより明確となるのです。また、これらのマップとツリーを準備する際には、教育課程に関わる教員全員が参加し、互いに意思疎通を図る必要があります。

実は、この教員間の協働ができていない大学が多いのです。若手教員に適当にやっておけと押し付ける場合もあるようです。これでは意味がありません。逆に、ここがうまくいけば、魅力的なカリキュラムを有する大学となり、その大学の強みとなります。

3.6. シラバス

つぎは、授業科目のより詳細な内容の記載です。これを**シラバス (syllabus)** と呼んでいます。その作成は教員にとって、とても重要な仕事になります。講義を教員、学生双方にとって有意義なものにするための約束事項の記述となるからです。

シラバスとは、簡単に言えば授業計画のことです。かつてのシラバスには、授業名、担当教員名、講義の概要しか書かれていないことが多く、学生もほとんど目を通すことはありませんでした[14]。中には、概要さえも書いていないシラバスも多かったのです。これでは意味がありません。

---

[14] いまでも授業の概要しか書かれていないシラバスが散見されます。

　いまや、世の中は変わりました。大学教育の質保証が叫ばれ、大学は、DP として、学修到達目標も明記しなければなりません。この大学の目標を達成するためには、シラバスの充実は必須となっています[15]。

　まず、シラバスでは、学科の学修到達目標を基本として、当該授業で、どのような能力を育成したいのかを Can-do リストで明確に示す必要があります。実際に作業をしてみると分かりますが、結構な手間と時間がかかります。その一方で、教員にとって、自分の授業を見つめ直すよい機会にもなります。

　そのうえで、各回の授業内容を丁寧に記載し、授業を通して取得してほしい到達目標も明示します。また、授業前の準備のための予習内容についても具体的に記載する必要があります。

　さらに、教科書、参考文献、履修するにあたっての注意点も記載します。そのうえで、重要なのが成績評価方法ならびに評価基準、すなわち**ルーブリック** (rubric) の提示です。そして、どの程度を合格点とするかも明示しなければなりません（ルーブリックに関しては、本章の補遺参照）。

　ここで、重要なのは、学生だけがシラバスを見るのではなく、同じ学修到達目標を共有する学科やコースに関わる教員が、他の教員のシラバスにも目を通す必要があるということです。そ

---

[15] 何の下準備もないままシラバスを作成しても意味がありません。その作成にあたっては、参考になる教科書や事例を参照するとともに、組織的な FD (faculty development) によって研修を行うことが必須です。

れがカリキュラム編成に必要だからです（また、より客観的に
は、職員や学生、外部の意見を聞くことも重要です）。

　つまり、組織として学修到達目標を掲げているのですから教
員間の調整は必ず必要となります。ただし、ここまで進んでい
る大学は、それほど多くはありません。

　別の視点に立てば、大学として人材育成目標を明確化し、そ
れを達成するためのカリキュラムを編成し、さらに、シラバス
を整備していれば、それが大学としての大いなる強みになると
いうことです。

　いま、学生獲得に苦労している大学は、地方の小規模大学が
多いと言われています。しかし、小規模大学であれば、何人か
の教員がやる気を出せば、教育改革がしやすいはずです。チャ
ンスと捉えるべきです。

補遺　ルーブリック (rubric) とは

　ルーブリックとは、学習の達成度を表を用いて測定する評価方法のことです。学習を評価する方法としては、ペーパーテストが一般的ですが、評価できる能力が限られています。

　ここで、ルーブリックの例として、CEFR : Common European Framework Reference for Language つまり、「ヨーロッパ言語共通参照枠」と呼ばれる基準の例を示します。CEFR は、基礎レベルの A、自立した言語使用者レベルの B、そして熟達した言語使用者レベルの C と分類したうえで、それぞれ、A1, A2, B1, B2, C1, C2 のように 2 段階レベルとしています。つまり、全部で 6 段階のレベルからなります。

　もっともレベルの高い C2 では
「聞いたり読んだりしたほぼ全てのものを容易に理解することができる」
「自然に、流暢かつ正確に自己表現ができる」
と規定されています。これがルーブリックです。

　基礎レベルの A1 では
「もし、相手がゆっくり、はっきりと話して、助けが得られるならば、簡単なやり取りをすることができる」
と規定されています。

このように、ルーブリックでは、「○○ができる」というように、"can do" 形式で表現するのが通例です。

　また、自分自身も、採点者も基準が明確になるような工夫が施されています。基準があいまいでは、評価に迷うからです。ただし、これは簡単なことではありません。このため、ルーブリック作成時には、関係者が全員参加し、意見を交換しながら、よりよいものに仕上げていく必要があるのです。

　ここで、ルーブリックの本質を知る解説として、Thom Markham, "Project Based Learning Handbook" 2nd ed., Buck Institute for Education, 2003　を紹介します。そこには、「ルーブリックとはなにか」が書かれています。

1.　A rubric is a scoring guide that clearly differentiates levels of student performance.

　　ルーブリックは学生の成績レベルを明確に規定する評価基準である。

2.　When written well, rubrics provide a clear description of proficient students work and serve as guide for helping students achieve and exceed performance standard.

　　適正なルーブリックは、学生に対しどのような行動特性をとればよいかの具体例を明示するとともに、その評価基準となる。

3.　The process of writing a rubric requires teachers to think
deeply about what they want their students to know and do.

　　ルーブリックの作成過程で、教員は学生に対し、どのよ
うな能力の育成を期待しているかを、よく吟味することと
なる。

　重要なポイントがよくまとめられています。ルーブリックの
作成例は、いろいろな資料や、大学のウェブサイトにも載って
いますので、実際に作成する際には、それらを参考にしつつ、
自分たちのものにしていくことが大切です。

　最後に、参考までに、「チームワーク」"teamwork" という能
力を評価するルーブリックの具体例を紹介します（表 3-1 参照）。
実際には、レベルとしては 4 段階ありますが、ここでは、最高
点の基準 4 と、このままでは不合格となる基準 1 の例を示しま
す。

　表記としては、"can do"「〇〇ができる」が基本ですが、不合
格の基準 1 の場合には、「受け入れない」という否定的な表現と
なっています。

表 3-1　チームワーク力を評価するルーブリック

Exemplary　level 4	Unsatisfactory　level 1
4　非常に優れている	1　基準に達していない
Respectfully listens, discusses and helps direct the group in solving problems.	Does not listen with respect. Blocks group from reaching agreement.
メンバーの意見に耳を傾け、議論に参加してチームが問題解決するのに貢献している	メンバーの言うことを聞かず、他人の考えを受け入れない。チームが問題解決する際の妨げとなる

第4章　教育手法

「また、A 先生の授業、全員不合格だったんだって」

「そうなんですよ」

「何人か留年するよね」

「可哀そうですが、そうなります」

「でもマスコミには評判がいいんだよね。気骨のある先生だって」

　日本の教育、特に、大学教育に対する世界からの評価はかな
り低いと言わざるを得ません。これは、世界の標準となりつつ
ある「教育の質保証」"quality assurance of education" がなされて
こなかったことが背景にあります。

　「学問の自由」の御旗のもと、組織的な教育よりも、教員個
人の自由裁量に任せた教育が横行していたことも一因です（多
くの大学では、いまだに、この慣習が残っています）。

　そして、「大学生はいい大人なのだから、学修成果は自己責任
である」つまり、成績が悪いとしたら、それは、大学の責任で
はなく、学生個人の責任という考えも、いまだにはびこってい
ます（もちろん、学生に責任がないと主張しているわけではあ

りません)。

4.1. 日本の大学教育

"Japan as Number One : Lessons for America" を 1979 年に書い
たエズラ・ヴォーゲルは、日本の教育を高く評価していました。
小中高教育のレベルの高さ、また、日本人の勤勉さも評価して
いたのです。ただし、大学教育はまったく評価できないと指弾
しています。

　当時の大学の講義は、まさに一方通行で、学生ではなく教員
目線の教育だったからではないでしょうか。教員も教育には熱
心ではなく、15 回どころか 12 回の授業しかなく、しかも休講
が多いというのが実態でした。また、教育課程は全体としてま
とまりはなく講義内容も個々の教員にゆだねられていたのです。

4.2. 大学教育を評価しなかった企業

　当時は、民間企業も大学教育には、まったく期待していない
と公言していました。そして、必要であれば、企業内教育で鍛
えるとも宣言していたのです。企業の採用担当者も、入試難易
度の高い大学に入ったということは評価の対象だが、大学の成
績はあてにならないと見なしていたのです。それに対し、大学
側も苦言を呈するわけでもなく、どちらかと言うと、企業の評
価をあまり気にとめていなかったと思われます。

　しかし、本書でも紹介したように、日本の教育改革は、進んでいます。この 20 年で、大きく変わりました。そして、問題のある大学は、この教育の質保証を基調とした教育改革が進んでいないところなのです[16]。

　大学経営の立て直しのヒントもここにあります。世界標準の教育を実施することです。そのときに重要なポイントは、**学修成果** (learning outcomes) の質保証です。かつての日本の大学は「学生に何を教えたか」 "what is taught by the universities" を重要視していました。そして、学生が学ばないのは自己責任としていたのです。大学生はいい大人なのだから、自己責任は当たり前だろうという考えです。

　しかし、世界の常識は変わっています。いまの大学は、「学生が何を学んだか」 "what is learned by students" を重要視するようになっています。そして、学修成果が芳しくないとしたら、それは大学教育にも大いに責任があるという考えです。このため、学修成果を担保するために不断の教育改革を進め、教育手法の改善にも努めているのです。ここで、注目されているのが、学生が自ら参加する**能動学修** (active learning) です。

---

[16] もちろん、歴史や伝統があり、経営も安定している大学でも教育改革が進んでいないところが数多くあります。

4.3. アクティブラーニング

　能動学修は**アクティブラーニング**とも呼ばれており、大学だけでなく、小中高の教育においても大きな注目を集めています。従来の日本の講義スタイルは、**受動学習** (passive learning) が主流です。授業では、教員が一方的に話し、場合によっては黙々と板書して終わるスタイルもありました。学生にとっても、このほうが楽だという考えがあるようです。高校までの授業スタイルが受動的であり、それに慣れているという側面があります。ただし、小中高でもアクティブラーニングが積極的に導入されるようになっていますので、今後は変わっていくのではないでしょうか。

　多くの方が指摘するように、教員が一方的に話すだけの講義では、学修成果はなかなか上がりません。また、受動学習だけならば動画やインターネットで十分です。

　アメリカの大学では、アクティブラーニングの意義を分かりやすく説明するために、**孔子** (Confucius) の言葉が引用されている大学も多いです。

　　I hear and I forget

　　I see and I remember

　　I do and I understand.

同様の意味ですが、つぎの用法もあります。

　　What I hear I forget.

What I see I remember.

What I do I understand.

和訳すれば

　　聞いたことは忘れてしまう

　　見たことは覚えている

　　自ら実践すれば、理解できる

となります。言いえて妙ではないでしょうか。

　学習者にとって、見たり聞いたりしただけでは学問の深い理解は、なかなか進みません。自ら実践してみて、はじめて納得できるのです。学問の真髄です。

　しかし、アクティブラーニングと言っても、いったいどのような授業をしたらよいのか悩む教員が多いのも事実です。過去に経験がないのですから、当然でしょう。いまの教員の多くは、一方通行の授業が当たり前の時代に教育を受けてきたからです。

　また、大学教育では、受講者の数にも問題があります。100人を超える受講者がいるクラスで双方向授業は厳しいでしょう。ただし、**クリッカー** (clicker) という道具があり、それを使うと、人数が多い場合でも双方向のやり取りは可能です。クイズ形式で教員が問題を出しながら、学生が応えるシステムです。学生の回答結果は、教員の PC や LMS などで即時集計され、正解数から学生の理解度を図ることができます。また、学生にも結果が表示されるので、学生の参加意識が高まります。

とは言え、大人数を対象とした授業では教育効果を得ることはなかなか難しいです。経営に苦労している大学で、マスプロ授業[17]をしているところがあるならば、ただちにやめることをお勧めします。教員と学生双方が不幸になるだけだからです。

4.4.　卒業研究

やはり、アクティブラーニングを効果のあるものにするためには、**少人数教育** (small class teaching) が必要です。そして、日本には、そのよいお手本があるのです。それが、すでに紹介した「卒業研究」です。いわゆる「ゼミ」も、これに相当します。

日本では、4 年生になれば研究室に配属され、指導教員のもとで卒業研究に従事します。配属される学生数も多くなく、典型的な少人数教育です。

4.4.1.　フンボルト理念

実は、卒業研究が大学の教育課程で、これだけ浸透しているのは日本だけなのです。これは特筆すべきことであり、日本の大学教育の素晴らしさと考えています。

---

[17] マスプロとは mass production つまり大量生産の意味ですが、マスプロ授業は和製英語です。かつての私立大学では、教員がマイク片手に大教室で多くの学生の前で一方的に話すだけという授業風景がよく見られました。

もともと、研究を通して学生を指導するという教育はドイツ発祥です。「**フンボルト理念**」"Humboldtsches Bildungsideal" と呼ばれています[18]。

19 世紀、ドイツは最先端の学術研究の中心地であり、世界中から留学生を集めていました[19]。そして、その優れた教育システムをアメリカの留学生が本国に持ち帰ったのです。これが、「大学院」"graduate school" が設置されるきっかけになったとも言われています。

この「研究を通した教育」は日本にも持ち込まれ、大きく花開いたと言われています。文部科学省は「卒業研究」を卒業の要件として求めてはいません。しかし、日本では理工系で 90% を超える学部が卒業研究を実施しています。また、人文系でも 73% の学部で導入しています。社会系では低く、33% 程度です。

4.4.2.　日本で定着した理由

ドイツで生まれ、アメリカで発展し、日本で花開いた「研究型教育」ですが、なぜ、ドイツやアメリカでは衰退したのでしょうか。

簡単に言えば、それだけ手間がかかり、コストもかかるから

---

[18] 1810 年にベルリン大学を創設したフンボルト (Wilhelm von Humboldt, 1767-1835) により提唱された教育理念です。
[19] 当時のドイツの研究室には最先端の文献がそろっていたと言われています。

です。ドイツやアメリカでは大学も増え、学生数も増えたため、少人数教育が難しくなりました。また、教員に対する負担も大きいというのが背景にあります[20]。

日本の大学で、卒業研究を指導している先生は、大変忙しいです。それにもかかわらず、日本では、なぜ「卒業研究」が可能なのでしょうか。それは、多くの教員が、その効用を身をもって経験しているからと言われています。実際に、多くの学生が卒業研究を通して大きく成長しています。

研究成果を論文にまとめ、さらに、多くの教員や学生の前でプレゼンテーションをする経験は、胃が痛くなるようなプレッシャもありますが、一方で、達成感とともに、学生にとって大きな自信となります。

4.4.3.　卒業研究の問題点

ところが、卒業研究は、すでに紹介したように、産業界からの評判があまり良くないのです。その理由のひとつが**徒弟制度** (apprentice) です。自分たちが経験した卒業研究に疑問を持っているようなのです。

かつての大学の研究室では、指導教員が絶対的権力を握って

---

[20] アメリカでは、研究型学修をオナーズプログラム (honors program) として、成績優秀な学生に提供している大学もあります。また、欧米においても、卒業研究の意義が見直されてきており、理工系を中心に、教育課程に組み込む大学も増えてきています。

いました。そして、卒業研究のテーマ選定や進め方、成績評価が教員の恣意に委ねられていたのです。

このため、学生にとっては、どこの研究室に配属になるかが、運不運の分かれ道になっていたのです。さらに、教員個々の力量によって卒業研究の成果が大きく異なるのですから不公平でもあります。

学生によっては、研究と呼べるようなものはさせてもらえず、単純作業の繰り返しや、教員の雑用を言いつけられる場合もあったようです。私も、友人から愚痴を聞かされたことがあります。当時は、**パワハラ** (power harassment) という言葉もなかった時代で、苦い経験をしても学生の逃げ場がなかったのです。「お前なんか卒業させない」と言い放つ教員もあったと聞きます[21]。

このため、優れた指導教員のもとで卒業研究を経験した学生は、大きな成長とともに、探究することの素晴らしさを教えられます。学問に目覚めることも多いのです。

一方、ひどい教員に当たった学生は、不幸な研究室生活を過ごすことになります。中には学問をあきらめたものもいます。これでは、産業界から苦情が出るのも当然です。

卒業研究は、素晴らしい教育手法ですが、一方で、その管理

---

[21] 実際に、卒業できなかった例は、ほとんどありませんでした。また、一方で、学生が卒業できるように奔走してくれたり、就職の世話をしてくれる先生が居たのも事実です。

が組織ではなく、教員個人に委ねられてきたことが問題です。それであれば、この素晴らしい教育手法を活かすためにも、大学として組織的かつ積極的に関与することが必要です。

4.4.4. 卒業研究の組織的改善

まず、重要なのは、学生の成績評価に複数の教員が関与する仕組みづくりです。さらに、狭い研究室に学生たちが閉ざされないような配慮も必要です。

つぎに、卒業研究の評価基準、つまり、ルーブリックを公表し、学生に不利益がないようにすることです。この際、ルーブリックは、卒業研究に責任のある学科あるいはコースの教員全員が、その作成に関与することも必要です。

ルーブリックをつくる際には、卒業研究によって、どのような能力を育成したいかを明確化する必要があります。当然、教員間で意見が異なる場合もあります。その際、互いの意見をぶつけあうことで、思わぬ気づきや卒業研究の意義についても再認識することになるのです。このプロセスはとても大切です。

そのうえで、作成したルーブリックは学生だけでなく、学内に公表する必要があります。学科ごとのルーブリックが参照でき、自分たちの改善につなげることもできます。まさに切磋琢磨です。

学生から見れば、ルーブリックによって、卒業研究で自分が

身につけるべき能力が明らかになります。また、どの程度のレベルまで達していれば合格できるのかも分かるので、よい道しるべとなるのです。

4.5.　課題解決型学修

アクティブラーニングとしての卒業研究は、組織的な関与のもとで実施すれば、学生の主体的学びを促し、学生自身も大きく成長する優れた教育手法です。

それならば、より低学年から始めるのがよいのではないでしょうか。もちろん、3 年まで座学できっちり基礎を学ぶべきという意見もあります。

しかし、人間は知識の吸収だけでは成長しません。なぜ、その知識が必要であるのか、そして、その知識はいったいなんの役に立つのかを自分なりに納得することも大切です。そのうえで、実際に「知識を活用」してみることも大事なのです。まさに、**孔子** (Confucius) の言葉にある "I do and I understand" です。

それを可能にするひとつが、**課題解決型学修** (project based learning) です。略して PBL 型学修と呼ぶこともあります。ただし、PBL の場合には、P として "problem"「問題」や "practice"「実習」が入る場合もあります。

PBL 型学修は、つぎのステップを踏んで、複数の学生がチームを組んで取り組むのが一般的です。

① テーマを決める

② 解決策を提案する

③ 提案した解決策の検証を行う

④ 検討結果を要約し発表する

　もちろん、問題解決のための方策はいろいろとあります。また、これら4個のステップ以外にも、いろいろな手順が想定されます。要は、きちんとしたプロセスを踏むこと、また、できるだけ論理的な解決策を目指すことが基本です。当然、その過程で調査も実施します。

　実は、実社会においては、①のテーマを決めることが大切なのですが、初心者が多い場合には、あらかじめテーマを与えることも一案です。

　また、実際の演習には正解のない課題も多く、チーム内の議論を通して、問題解決策を探ることになります。正解がひとつではない課題 (open-ended questions) への論理的なアプローチを経験することで、また、その過程で、他の学生と議論することで、学生にはクリティカルシンキング力が醸成されます。

4.6.　鉄は熱いうちに打て　Strike iron while it is hot

　卒業研究の効用のひとつは、学生一人ひとりが自分の研究テーマを持ち、それに主体的に取り組むことです。そして、学問そのものにも興味を持つようになります。研究を進めるために

は知識も必要となるからです。

　しかし、それならば、4 年を待たずに 1 年生から、研究に参加する機会を持たせたらどうかという議論もあります。「知識の吸収」が先というひとも居ますが、興味のない知識は、なかなか身に着きません。"I hear and I forget" です。

　実際に大学 1 年生から "honors program" として、大学の研究室に入って、最先端の研究に取り組む試みが実施されています。

　結論から言うと、教育効果の高い取り組みであることが分かっています。まず、全員が TOEIC 600 点を学部でクリアし、全員が大学院に進み、国際会議での発表もこなしているということでした[22]。このように低学年から、研究に従事することは、プラスの効果を生みます。

　これは、文系でも同じでしょう。地方の小大学では、1 年生から大学の研究室に配属させ、研究テーマを与えてみたらどうでしょうか。きっと、驚くような効果が得られるはずです。

---

[22] 神奈川工科大学のスーパーサイエンス専攻です。また、麻布大学の「知識集約型社会を支える人材育成事業」プログラムなども参照ください。

閑話休題

　ある地方大学の職員の方の嘆きです。比較的若手の教員を採用し、住宅も大学が用意したとのこと。

　しかし、「この先生は授業のある火曜日と水曜日だけ大学に来て、後は東京に帰っているようなのです。他大学の公募に、毎回のように応募書類を出しているとも聞いてます。」

　私から見れば、このような教員を他大学が喜んで採用することはありえません。大学に腰を落ち着け、学生とも向き合い、研究成果を出していなければ、教員として魅力がないからです。

　ただし、この大学にも問題があります。組織的な体制のもとで、教育研究を実施していれば、このような勤務形態など、ありえないからです。

第5章　教育内容

「大学って何を教えるのですか」
「実は、何を教えても自由なんだ。高校までのような学習指導要領が
ないからね」
「それだと、社会に出てから困りませんか？」
「大丈夫だよ。大学教育には、誰も期待していないから」

　それでは、ここから少し具体的な教育内容に踏み込みたいと
思います。今まで紹介してきた人材育成目標の明確化や、それ
を基本としたカリキュラム編成、シラバスの提示は、あくまで
も形式にすぎません。

　外部からみて、これら形式が整っていたとしても、教育の実
態が伴わないのでは、意味がありません。それでは、具体的に
どのような能力が必要となるのでしょうか。

5.1.　読み書きそろばん

　大学教育において身につけるべき基礎能力としては、「読み」
「書き」「そろばん」が挙げられます。そんなものは小中学校で

身につけるべき能力と言われるかもしれません。しかし、社会人で、どれだけの人がこれら能力をしっかり身につけているでしょうか。

ところで、英語では、これらの能力は 3R's (three Rs) と呼ばれていて、教育によって育成すべき基本能力である "reading", "writing", "arithmetic" の "r" をとったものです。つまり、欧米においても、基本的な能力は同じなのです。それでは、「読み、書き、そろばん」とは、具体的にどのような能力なのでしょうか。

5.1.1. 文章を読んで理解する

「読み」 "reading" とは「文書を読んで、その内容をきちんと理解できる」能力のことです。ただし、読む対象の文書も論理的な文章でなければなりません[23]。「読み」ができれば、他者が書いた書物などから多くのことを学ぶことができます。重要な基本的素養であることを理解いただけるでしょう。つまり、大学において、学生が**主体的学び** (self-directed learning) をするときの基礎となるのです。

---

[23] 相手に何を伝えたいかが明瞭かつ論理的な文章を繰り返し読みこなす訓練がとても重要です。小説は読む分には楽しく、人生を豊かにしますが、論理的とは言えないことも多いです。「味わい深い文章」と「誰にでも明快な文章」は違います。もちろん、小説を読んで、その内容について議論することは講義やゼミの演習としては、素晴らしいと思います。

5. 1. 2.　相手に伝わる文章が書ける

　「書き」"writing" とは、「自分が考えていることを、正確に、相手に文書で伝えることのできる能力」のことです。これについても、わざわざ大学で学ぶことではないという指摘があるかもしれません。その意見も分かります。

　しかし、実態はどうでしょうか。残念ながら、社会人が書いた文章でも、何を言わんとしているかが分からないものが多いのが現実ではないでしょうか。ネットニュースを見ても、何を言いたいのか不明の文章であふれています。さらに、文章力だけでなく誤字脱字も多いのが現状です。

　もちろん、誰にでも間違いはありますし、完璧な文書を書けるひともいません。ただし、良い事例を参考にしながら、文書を書く努力をすることは、とても大切です。

　さらに、社会に出てからも、基本的素養として「相手に正確な情報を伝えることのできる文章を書ける」ことがいかに大切かも分かるでしょう[24]。

5. 1. 3.　四則計算ができる

　最後に「そろばん」"arithmetic" です。その基本は「足し算」

---

[24] ものごとを相手に伝えるとき、5W1H が重要と言われています。「When：いつ」「Where：どこで」「Who：だれが」「What：何を」「Why：なぜ」「How：どのように」の英単語の頭文字を取ったものです。相手にものごとを伝えるときの基本となります。

"addition"「引き算」"subtraction"「掛け算」"multiplication"「割り算」"division"の**四則計算** (four arithmetic operations) をしっかりできる能力です。

　これに対しても、「そんなことは小学生でもできる」と言う方もいるでしょう。しかし、日常生活で、これらの計算に触れることは、それほど多くはありません。また、常に、数字に接することに慣れ、それを尊重することも重要です。つまり、何かを議論するときに、その基礎に数値データがあることが重要なのです。

5. 1. 4.　数値データが基本

　簡単な例を紹介しましょう。「今日は、少し暑いね。冷房をつけようか」と誰かが言ったとしましょう。すると、別の人が、「自分は、それほど暑く感じないから、冷房はいらない」と言ったとしましょう。このままでは、議論は平行線をたどります。そこで、客観的データとして気温を数値で示すのです。すると20℃という温度が得られたとしましょう。これならば、曖昧な自分の感覚ではなく、誰にでもわかる20℃というデータを出発点に議論できます。

　大学においては、「根拠のある数値データをもとに議論する」ことが重要です。これは、講義はもちろんのこと、教授会などの会議においても同様です。そして、教育現場において、常に、

客観的なデータをもとに議論する訓練ができていれば、論理的な思考力も育まれ、社会に出てから強力な武器となります。

いま、政府は「データ駆動型社会」を提唱し、**データ・サイエンス** (Data Science) の重要性を訴えています。このため、理系、文系を問わず、データサイエンスを大学の必修科目に据えようという動きもあります。つまり、「読み書きそろばん」の「そろばん」にデータサイエンスを位置付けようとしているのです。

しかし、提案されているカリキュラムを見ると、データをどう活かすかという視点よりも「○○論」つまり、原理の理解に重きが置かれています。もちろん、それも大事ですが、高等数学を使う理論だけでなく、データをうまく実生活で利用する方法を教えるべきと感じています。

5. 1. 5.　IT 技術

現代の「そろばん」では、簡単な IT 技術に慣れ親しむことも大切です。基本的な文書作成ソフトや表計算、プレゼンテーションソフトも使いこなせる必要があります。そして、インターネットを含めたデジタル技術にも親しみ、大学 4 年間で、社会に出てから必要となる IT 技術の基本を使えこなせるようになることが大切です。

これら、現代の「読み書きそろばん」については、大学の講義で習うというよりも、大学生活のなかで身に着けていくべき

能力ではないでしょうか。

　大学によっては**ライティングセンター** (writing center) を設置し、「学術的な文章の作成」を支援しているところもあります。

　ライティングセンターに常時担当者を配置して対応するのは、大学にとって手間ひまがかかります。また、学生にとっても予約などがとりづらいこともあります。よって、大学が文章校正ソフトを公開し、それを利用する学生も増えています。また、IT 技術を利用して、AI などによる 24 時間対応も可能となっています。その際は、学生のログ情報なども記録できますので、授業外学修時間の把握にも有効となります。

5.2.　外国語能力

　もちろん、この他にも外国語、特に英語の習得は、文系、理系に限らず、大学では重要です。まさに「読み、書き」の英語版です。

　ところで、日本では「何年も英語教育をしているのに、ろくに英会話もできない」と非難されることが多いです。しかし、英会話はちょっとした訓練で習得できます。こちらは、習うより慣れろです。海外の留学生と話したり、短期でも海外研修に行くことで、この能力は養えます。

　大事なのは、「英語の文書を読んで理解できる力」と、「自分の考えを英語で相手に伝える力」です。実は、2 番目の能力は

文章力そのものなのです。

　話すためには、自分が話そうとする内容をしっかり整理できていることが第一です。実は、日本語でも、これができていないひとが多いのです。そのうえで、その内容を文書に落とせることが大事です。知的会話においては、文書と同じ内容を話すことが多いからです。

　もうひとつ重要なことは、英語でプレゼンテーションするときに、重要なのは日常会話ではありません。その専門分野のディスカッションに必要な**専門用語** (technical term) をしっかり覚えることです。特に、日本人はアクセントの位置を間違えて、大事な用語が通じないことが多いです。キーとなる専門用語の発音やアクセントの位置を確かめる。これだけで、プレゼンテーションは確実に上達します。

　たとえば、ある学会で日本人がタンパク質に関する発表をしたとします。タンパク質は "protein" ですが、日本語式に「プロテイン」と発音しても、通じません。発音記号では [próuti:n] となり、ローマ字表記では「プ**ロウ**ティーン」となります。「ロウ」にアクセントがあり、最初の「プ」には母音の「ウ」が入ってはいけないのです。発表のキーワードが通じないのでは、その発表自体が理解されないことになります。一方、この語の意味が、しっかり通じるだけで、聴衆の理解度は大きく変わります。専門分野のプレゼンテーションは、日常会話とは、まったく異

なるということを認識すべきです。

5.3. クリティカルシンキング

「読み書きそろばん」の基礎に加えて、大学で育成すべき能力に**クリティカルシンキング** (critical thinking) 力があります。

5.3.1. 論理的思考法

クリティカルシンキングは、「信頼できる根拠をもとに、物事の本質を捉え、論理的思考により、いろいろな問題解決に対処できる能力」のことを指します。"critical" は、「批判的な」という意味ではありません。"critic" つまり批判という単語ではなく、"crisis" に語源を置き、そこから派生して「とても重要な」あるいは「究極の」という意味になります。つまり、「究極の思考法」と呼ぶべきものです。

（意見ではなく）根拠のある事実に基づき、論理的な解析によって、解決策を提案できる能力のことです。この能力は、文系、理系に限らず、世の中に出たときに、とても重要なものとなることは明らかでしょう。

もちろん、教えなくとも論理的思考がある程度できるひとは居ます。しかし、クリティカルシンキングは、きちんと訓練を積むことで、身につけることができる能力なのです。

5.3.2.　卒業研究の効用

大学の教育において、クリティカルシンキング力の育成に有効なのは、すでに紹介した「卒業研究」です。ここでは、まずテーマを決めるところから始めます。その場合、対象とする分野の現状を、「根拠ある」資料やデータをもとに分析し、「なにが課題かあるいは問題か」を明らかにする必要があります。つまり、**問題設定**（problem setting）です。

つぎに、問題解決のためのアイデアを提案します。この時点では、論理的な思考が必要ですが、試行錯誤も必要となります。つまり、実際の問題は複雑であり、いくつものアプローチがあるからです。一筋縄ではいきません。いろいろな角度から検証する必要があります。この際、同僚や指導教員と議論することも重要です。

理工系の場合には、実験という手段を使って検証することも可能です。ただし、実験条件の設定がとても大事ですし、実験結果の解釈についても注意が必要です。

そのうえで、得られた仮説が正しいかどうかを考察する必要があります。実際に取り扱う問題には、正解がない場合も多いです。このとき、論理的なアプローチによって、最適と思われる解を提案することになります。

最後に、研究の背景、課題の抽出、アプローチ手法、解決案の提案と根拠をまとめてプレゼンテーションすることになりま

す。まさに、クリティカルシンキングの手法なのです。

　クリティカルシンキング力を身につけていれば、どんな分野に進もうとも、実社会のあらゆる場面で強力な武器となります。

　とすれば、卒業研究と言わず、大学1年生から、その重要性を訴え、いろいろな場面で、その訓練を行うことは、大学の教育にとって、とても重要ではないでしょうか。

　そして、このような教育を行っている大学は、必ず評価されることになります。

閑話休題

ある新人教員の述懐

わたしは、博士課程を出て、しばらく職がなかったのですが、指導教員の伝手で、運よくある大学の講師に採用が決まりました。

大学からは、4 月早々から授業を受け持つことになると 2 月に連絡がありました。前期 2 科目、後期 4 科目です。負担を減らすため、前期は 2 科目にしてくれたということです。

何も資料がないので、大学のシラバスを調べましたが、講義名しか載っていません。そこで、自分なりに大学時代のノートや教科書を調べたりして講義に臨みました。

はらはらどきどきの連続でしたが、授業アンケートではなんとか合格点をもらえたようです。

講義の途中で、疑問が生じたときに対応していただいた先輩の先生方や事務の方々には感謝申し上げます。

いまから、後期の授業の準備に入ります。これも、すべてゼロからのスタートになりますが、学生に喜んでもらえる講義を目指したいと思います。

第6章 デジタル技術を活用しよう

「なに、システムを入れ替えたいだと！いくらかかるんだ」

「3000万円？そんな金あるわけないだろう。いまのシステムを修理して使え」

「そんな金があるなら、応接セットを新調しろ」

　今後の大学教育を見据えた場合、いかにデジタル技術を活用するかが、大きなカギを握っています。ただし、コストをかけて導入したシステムがあっても、それを有効活用できなければ意味がありません。

　つまり、一握りの専門家だけが使えるものではなく、多くの教職員や学生が喜んで使いたいと思うデジタル技術の導入が重要です。

　いま、世の中では**デジタル・トランスフォーメーション** (DX: digital transformation) が注目を集めています。大学においてもDX をうまく活用できるかどうかが、大学経営においても教育研究においても重要となってくるでしょう。

6.1.　レガシーシステム

　大学を含めた多くの組織が直面しているのが、システムの老朽化です。導入から長い年月が経過した旧型のシステムを**レガシーシステム** (legacy system) と呼んでいます。レガシー (legacy) には遺産という意味がありますが、ここでは「過去の遺物」という意味で使われています。

　レガシーシステムは、最新技術に対応できなかったり、セキュリティの問題もあり、運用にリスクを伴います。また、システムのブラックボックス化も深刻です。長期間の運用の間に、プログラムの修正や更新が繰り返され、複数の担当者が対応してきたことで、システムの全容を誰も把握できていないのです。

　一方で、「業務を止められない」といった理由で使い続けられることも多く、大学や企業にとって将来にわたる不安要素となっています。特に、セキュリティの脆弱性は深刻です。大切なデータが盗まれたり、大学のシステムが使えなくなることもあります。

　しかし、なかなかレガシーシステム問題は解決しません。改修に巨額の費用がかかることと、日本の組織のトップにはデジタル弱者が多く、問題がなにかを把握できていなことも多いからです。ソフトウェアは、建物のように目に見えないため、そこに予算をかけようとはなかなか思わないのです。

　平成30 (2018) 年、経産省は「DX レポート〜IT システム『2025

年の崖』の克服と DX の本格的な展開〜」を発表しました。その中で、レガシーシステムの刷新の必要性を訴えています。さらに、国際競争のなかで、企業が生き残るためには、DX の推進が必要としています。これは、大学にもあてはまります。それでは、DX とは何なのでしょうか。

6.2. DX とはなにか

ここで、DX について簡単に解説したいと思います。DX には3 つの段階があると言われています。

① **デジタイゼーション** (digitization)

② **デジタライゼーション** (digitalization)

③ **デジタル化によるイノベーション** (innovation)

です。

①と②は、日本語では「ラ」が入っているかどうかの違いだけなので混同しがちですが、①のデジタイゼーションとは、アナログデータのデジタル化を意味します。

簡単な例では、大学などでは、かつて学生の成績を手書き入力していたものを、表計算ソフトで表示するようなものです。デジタル化の第一歩です。

いまの大学では、多くのデータがデジタル化されています。これが良いのは、データが個人のものではなく、組織として共有化できることです。一方で、データ保護の観点から、セキュ

リティ対策も必要となります。多くの大学では①のデジタイゼーションは進んでいるということになります。

　問題は、②のデジタライゼーションです。これはデジタル化されたデータをうまく利用して、事務の効率化や教育効果の測定などプラスの面につながっていることを意味します。実は、多くの大学では②がうまくいっていないケースが多いのです。

　そして、③は、そのうえでデジタル化によってイノベーション（社会的な付加価値）を創出することです。コロナ禍では、多くの大学がオンライン授業を行いましたが、それだけでは、イノベーションにつながりません。

　デジタル技術を利用することで、新しい教育スタイルが創出され、それが、教員と学生双方に画期的な効果をもたらす、これがイノベーションです。ここでは、デジタル化の一例として学修成果の可視化の話を紹介します。

6.3.　学修成果の可視化

　大学教育の質保証の話を紹介しました。それは、簡単に言うと、From "what is taught" to "what is learned"、すなわち「大学が学生に何を教えたか」ではなく「学生が大学で何を学んだか」を重視する教育への転換です。つまり、**学修成果** (learning outcomes) の可視化が必要となります。

　それでは、学修成果はどのように把握すればよいでしょうか。

中間試験や期末試験の結果や成績が、そのひとつですが、これでは不十分です。

6.3.1. ポートフォリオとは

そこで、最近、よく利用されるのは、学生の学修過程を記録した**ポートフォリオ** (portfolio) です。ポートフォリオとは、もともとは、書類入れやファイルを意味します。

実は、すでに多くの学校などで導入が進み利用されています。ただし、学生や生徒が自分自身で学修成果をまとめて整理することが基本でした。大学などでも、就職活動向けに活用されることもあります。

しかし、ポートフォリオの記入が強制ではなく、学生の自主性に委ねられているので、利用率は決して高くはありませんでした。（いろいろな大学でヒアリングすると、概ね、利用率は30%以下と高くありませんでした。さらに、ポートフォリオを利用している学生は、学修態度や就職に関しても、大学としてケアする心配のない学生と言われています。）

6.3.2. 学修ポートフォリオ

ここで、登場するのが学修ポートフォリオあるいは**電子ポートフォリオ** (e-portfolio) です。これは、学生の学修過程を電子ファイルとして記録するものです。

　例として、ある大学のポートフォリオのトップページを紹介します。ここでは、学生が基本的に知りたい情報が分かりやすく表示されます。

① 　学修目標（学生が学期始めに設定）

② 　出席状況

③ 　授業外学修時間

④ 　単位取得状況

⑤ 　成績順位の推移

⑥ 　TOEIC 点数などの外部試験結果

　この他の項目として、大学として学生に参照してほしいデータがあれば、適宜、表示するようにします。さらに、「詳細」ボタンを押すと、より詳しい内容が表示される構造となっています。

　大事なポイントは、学生が自ら入力しなくとも、大学のデータベースを通して、多くの有用情報が自動的に記録されているということです。しかも、ワンストップでデータ参照ができることも大切です。データ探しで時間をとられていたら、誰も利用しなくなります。

　また、SNS (social networking services)[25] など多様なツールでアクセスを可能にすることで、学生が自ら情報をインプットできることも大事です。たとえば、いままでなかなか把握の難し

---

[25] 海外では SNS は使われず、Social Media と呼ばれます。

かった自分の学修時間の記録をしてもらうことも可能になります[26]。

6.4. 学修マネジメントシステム

電子ポートフォリオを有効利用するために重要なシステムに、**学修マネジメントシステム** (learning management system : LMS) があります。もともと LMS は**遠隔授業** (distant learning) あるいは e-learning のためのコントロールタワーでした。講師による学習教材の保管・蓄積、受講者への資料の適切な配信、受講者の学修履歴や小テスト・ドリル・試験問題の成績などのデータを記録し、総合的に管理するものです。企業の研修にも利用されてきました。

6.4.1. 大学教育と LMS

少し考えれば、LMS は、大学の講義においても有効利用できることは明らかでしょう。しかも、多くの学生の学修過程の自動記録や、LMS へのログ情報などのデータ解析が可能であるため、教育効果の検証を含めたいろいろな分析に使えます[27]。さらに、個々の学生の電子ポートフォリオ

---

[26] 大学にとって、学生の授業外学修時間の把握は、教育の質保証という観点からも重要であり、そのデータ収集は大きな課題でしたが、それが可能になります。
[27] **ラーニングアナリティクス** (learning analytics) と呼ばれています。LMS のデータを解析して、教育改善につなげることが狙いです。

に必要なデータを落とし込むことができるようになります。これは、とても便利です。

　LMSは、学修管理のコントロールシステムとして、ぜひ教員に使ってほしい優れものです。一方、教員が使わなければ、意味がありません。

　実は、その利便性に気づいた教員は、授業でLMSを積極的に使い出します。その授業を受けている学生も当然使いますので、学生の利用率は100%となります。

6.4.2.　宝の持ち腐れ

　一方、大学全体でみると、教員の使用率は20%程度しかないところが多かったようです。もともと教員にはデジタル弱者が多いのです。さらに、口頭での伝達や印刷資料の配布で支障がないのに、わざわざLMSを使う意味がないという考えもあります（学問は手書きが基本という考えの教員も多いです。この主張も分かります）。

　実は、この問題は、大学だけでなく、世の中におけるデジタル化の課題です。「面倒くさい。自分には関係ない」と言って、最初から拒否反応を示すひとが多いのです。つまり、DXの第二段階であるdigitalizationに進めないパターンです。学生からは、こんな便利なシステムを、なぜ教

員は使わないだろうと疑問の声が寄せられていました[28]。

6.4.3.　コロナ禍

しかし、コロナ禍で、対面に替わってオンライン授業を実施せざるを得ない環境となりました。そして、LMS を導入している大学にとっては、それを使うことが必須の状況になったのです。すると、実際に使ってみれば、大変便利なツールであることを多くの教員が実感します。その結果、教員の使用率が 100% 近くになった大学が多いと聞きます。便利なデジタル機器がシステムとして導入されていても、使われなければ意味がないのです。

さらに、問題は、デジタル音痴が理事会に居ると、便利なシステムを導入しても、「使用率が低い。だったら予算削減すべき」という声が出るようになることです。これは、大学だけでなく、社会の DX 推進にとって大きな課題となるでしょう。

6.5.　VR の利用

大学教育の DX において、重要な位置を占めるのが **仮想現実** (VR：virtual reality) の利用です。ここで、あるベンチャーの話を紹介します。

---

[28] 学生の声です。「教員は、いろいろなことにチャレンジしろとか、この程度のこともできないのかと学生に言うが、自分では LMS のような簡単なデジタル利用もできないし、挑戦しようという意欲もない。」

6.5.1.　学生実験の課題

　海外の大学でも、理工系の学生は学生実験やフィールド演習などを通して、いろいろなことを学びます。しかし、多くの場合、大人数を対象としたクラス編成となります。

　たとえば、100名を超えるクラスで、実習をするとなると、まず必要な設備を用意しなければなりません。

　しかし、人数分をそろえるとコストもかかりますし、指導する側の人手も必要となります。このため、数を限定して、交代で実習を受けることになります。また、消耗品以外は、何度も使いまわしするため、時間とともに機器の性能も悪くなります。学生が不満を持つ授業のひとつです。

　あるふたりの学生が実験の順番が来るのを待ちながら、あまりの効率の悪さに不満を漏らしていました。無為な拘束時間もバカになりません。

6.5.2.　自分たちで問題解決しよう

　ここで、ふたりが目を付けたのがVRでした。たとえば、パイロットの養成訓練にはシミュレータが利用されています。ならば、実験の基礎技術をVRを使って学べないかと思いついたのです。VRであれば、危険な実験も安全に実施できますし、大学には高価で手の出せない設備もサイバー空間ならば用意できます。

そして、ふたりの構想は身を結びます。VR を利用した実習
は、多くの大学にとってコストを抑えたうえで、教育効果を大
きく高められる画期的な手法となるからです。ふたりが Labstar
というベンチャーを設立したのは 2012 年のことです。

　その後、ヨーロッパの先進大学をはじめ、MIT などのアメリ
カの著名な大学も VR による実験実習を導入しています。

　ある学生からは、「難しかったピペット操作がうまくできるよ
うになった」と感謝されたようです。VR であれば、自分のペー
スで、時間も自由に選べます。また、分子レベルの実験や、
月の裏側への体験飛行など、リアルな世界ではできない多くの
魅惑的な実習が可能になります。

　この実験実習への VR 導入は、教育 DX の digitalization だけ
でなく、まさに、その次のステップであるイノベーション創出
となっています。VR を利用した仮想実験システムは日本語版
も手に入るようになっています。

6.6.　AI の利用

　DX の話題として、よく引き合いに出されるのが**人工知能**
(AI：artificial intelligence) です。その際、AI は人間に対する脅威
と捉えるひとも多いようです。2045 年は**技術的特異点**
(technological singularity) と呼ばれており、AI が人間の能力を凌
駕する年とされています。

　私は、AI は人間に対する脅威ではなく、人間生活を豊かにする存在と思っています。ベテランの医者でも診断が難しいガンの患部の特定や、人間にはこなせない量の計算など、多くの可能性を秘めています。

　台湾の IT 大臣を務めたオードリータン氏は、人間と AI の関係は、のび太とドラえもんのような関係だと言っています。分かりやすく、よい表現と思います。つまり、互いを高めあう関係なのです。

　しかし、AI の実態が分からないため、不安に思うひとも多いのも事実です。大学の授業では、AI の原理や仕組みを習うことはできますが、可能であれば、AI を利用する機会を持つことも大事です。実際に使ってみれば理解も進みます。まさに、" I do and I understand" です。

6.6.1.　学生と一緒に AI を使う

　残念ながら、AI の動きを目で見て追跡したり、人間の作業の延長で、その働きを理解することはできません。それは、人間には不可能な膨大な数の計算やプロセスを経て結果を出しているからです。将棋の AI ソフトは、何億手も先まで読むことができると言われていますが、人間には、それはできません。そのプロセスを追うことも不可能です。

　ただし、AI がどのような機能を有するかを体験することはで

きます。一例として大学におけるチャットボット開発例を紹介します。

　大学は 4 月になると、必ず新入生が入ってきます。高校までのシステムとは大きくことなるため、履修科目の登録を含めて分からないことだらけです。このため、学生対応の窓口に長蛇の列ができます。

　しかし、質問内容が似通っています。窓口の職員は同じ質問に何度も答えなければなりません。もちろん、問答集も用意し、ネットで公開していますが、なかなか伝わらないことが多いのです。

　ここで、登場するのが AI 搭載のチャットボット[29]です。職員に替わって、AI に対応を委ねるのです。機械は 24 時間対応しますので、学生にとっても便利です。さらに、いまでは、フリーで AI ソフトが提供されています。

6.6.2.　機械学習の体験

　ただし、AI を実践で利用するためには、**機械学習** (machine learning) が必要です。質問に対して、正しい回答を出すための訓練です。機械学習には「教師あり」学習があり、間違った回答を修正する教師を人間が務めます。その役を学生が務めるの

---

[29] チャットボットと呼んでいますが、実際には、声で応答するのではなく、文書の質問に対して文書で応答する方式が多いようです。

です。学生は経験がありますから、どのような情報があるとありがたいか、また、質問に対する回答に対しても教員や職員とは異なる視点で回答を用意します。

　これを経験した学生によると、自分たちの指導によって AI が成長する様子を目の当たりにして、感動するとともに、AI 機能を体験できることになります。今後は、学生とともに、大学運営に AI を利用していくことが想定できます。まさに、生きた教育の実践です。そして、学生にとっても、AI が身近な存在となります。

6.6.3.　研究に AI を使う

　前節で紹介したように、フリーの AI ソフトや、チャットボットのように、AI を利用したプラットフォームが無料で提供されています。

　ここに目をつけたのが若手の研究者です。AI 利用には、ソフトウェア開発と、AI の応用がありますが、自分の研究や卒業研究などでも利用しているのです。AI は、あらゆる分野で応用が可能であり、また、無限の可能性を秘めています。学生にとっても、自分の研究に AI が役立つことを経験することはとても重要です。さらに、大学のよいところは、AI を使ってうまくいかなかったとしても誰からも責められないということです。企業では、そうはいきません。このように新たなことに気軽にチ

ャレンジできるのも大学のよいところです。

6.7.　デジタル化の課題

デジタル技術の導入は、教育コストを下げ、そのうえで教育効果を最大化できる可能性を秘めています。社会に出ていく学生にとっても、大学時代に最先端のデジタル技術に触れるという機会は、貴重な経験となります。

6.7.1.　デジタルデバイド

ここで、重要なのは、学生からの意見を取り入れることと、**デジタルデバイド** (digital divide) 解消[30]のための支援です。LMS 利用も、学生たちはすぐに効用に気づき、使わない教員に対して疑問を投げかけます。

一方で、デジタル音痴の教員に、いくら使えと言っても使い方が分からないのでは話になりません。この際、教員へのサポートが必要となります。そして、システムの職員にお任せではなく、使い方の分かる教員がチューターになるという方式も必要になります。

そして、デジタル技術の浸透の鍵は、デジタルに苦手意識のあるひとが使ったときに、「これは便利だ。また、使ってみたい」

---

[30] デジタルデバイドとは、デジタル技術をうまく利用できる人とできない人の間に生じる格差のことです。

と言わしめることです。これは、難しいことかもしれませんが、システム開発者は、つねにデジタル弱者に目配りした開発を目指すべきです。今、政府が進めている**デジタルガバメント**（digital government：デジタル技術によって住民サービスを受けることができること）もまさにそうです。デジタル強者だけが使えるものでは世の中には浸透しません。

6.7.2.　**予算をケチるな**

デジタル化には、ある程度のコストがかかります。使い勝手がよく、実績もあり、信頼性の高いシステムの導入には、それなりの金額が必要です。

　一方、ソフトウェアは目に見えないため、素人には違いがよく分かりません。現場では分かっていても、予算権を握っているものが、同じ仕様ならば安いほうがよいと誤った決断をすると、結局、使い勝手が悪い（あるいは使い物にならない）システムが導入され、誰も使わないという事態になりかねません。「安物買いの銭失い」"Penny wise and pound foolish" とはよく言ったものです。

　すると、高い金をかけて導入したのに、誰も使わないということになり、デジタル化の予算がさらに削られるという悪循環に陥ります。システムを導入する際には、他校に前例があれば、それを参考にするのも一案です。成功事例を真似れば確実です。

6.7.3. カスタマイズの失敗

ソフトウェア導入で失敗例が多いのが「カスタマイズ」 "customization" です。ソフトを導入したとき、使用者から、仕事のやり方が違うので変えてほしいという要求が入ります。

しかし、標準仕様で導入を決めたものをシステム全体からの視点ではなく、一部の部署の要求で仕様をいちいち変更していたのでは問題が生じます。

大学の学修マネジメントシステム (LMS)でも、同様の話を聞きます。他校でうまくいっていたシステムを導入しても、いろいろな教員の要求で標準仕様を変えていったら、トラブルが生じてしまい、結局、使い物にならなくなったという事例です。LMS は、教員と学生を結ぶコントロールタワーです。また、学生の成績管理もしますので、信頼が損なわれたら終わりです。やるべき事は、標準仕様に「自分のやり方を合わせる」ことです。

第7章　研究

研究は大学経営にはマイナスだ。

「研究には金がかかる」「研究は教員の個人的な趣味」「教員は授業だけしていればいい」と言い放つ大学経営者もいます。

これが大学の魅力を削ぐ原因です。

　大学にとって「教育と研究」は両輪であるという話をしました。研究は大学の魅力であり、底力の源泉となります。

　卒業研究のように、学生は自ら主体的に取り組む研究から大きな刺激を受けます。そして前向きになります。

　一方、教員にとっては「研究」が自分自身を高めることにつながります。研究するためには、専門分野のことをよく勉強する必要があります。そして、時には基礎に戻って振り返ることも必要になります。

　ひとに一教えるためには、百学ぶ必要があると言われます。教員も研究という探究を通して、常に多くのことを学ぶ必要があるのです。学生も、そのような教員から教えられることによって「知的刺激」を受けるとともに、「最先端の場での知の活用」

に関する話も聞けることになります。さらに、卒業研究で、それを実践する経験を持てれば、貴重な体験となります。

　一方で、「研究」は、大学経営という面から見ても、重要となります。まず、研究力の高い教員が居るということそのものが、大学のブランド力です。志願者獲得にもつながります。広報費をかけるならば、教員の研究力向上に投資し、その成果を広報するほうが得策です。

7.1.　理工系学部はお荷物か

　理工系学部は、かつては私立大学のお荷物と呼ばれていました。人文系に比べると、理工系学部は、教育にお金がかかります。大教室でマスプロ講義が可能な人文系と異なり（いまでは違いますが）、理工系では、少人数教育が必要になる場合もありますし、実験、実習に関わるコストだけでもバカになりません。

　かつて、人文系の先生から、自分たちが稼いだ金を理工系が使っているという不満の声を聴きました。20 年前の話です。

　ところが、大学院の設置によって、状況が変わってきました。私立大学でも研究力の高い教員が増え、多くの学生も大学院に進学するようになったからです。

　たとえば、100 人の学生が進学し、授業料が 100 万円としても大学としては 1 億円の増収となります。大学院設置にあたっ

ては、学部に所属する教員が兼務できるため、新たな教員採用
の必要がなくなります。修士課程の2学年で2億円の増収です。

　有力大学では、大学院生の数は、2000人以上に達します。20
億円に達する大きな収入源となっているのです。

7.2.　教育と研究は不可分

　教育と研究は不可分です。この話をすると、自分は教育専門
なので、研究は関係がないという教員が居ます。これは明らか
な間違いです。教育の専門家だとしても、教育手法の研究はで
きるはずです。逆に、十年一日の授業しかしていないのであれ
ば、学生にとっては魅力のないものとなります。教育現場に創
意工夫を持ち込むことは立派な研究の一環です。

　大学において育成すべき能力として、クリティカルシンキン
グが重要という話をしました。これは、社会に出ても強力な武
器となる論理的思考法です。

　大学としては、教員がクリティカルシンキング力を有するこ
とは大きな武器となります。そして、優れた研究活動をするこ
とが、その育成に有用なのです。すでに紹介したように、研究
のプロセスそのものがクリティカルシンキングだからです。

7.3.　研究で自らを研く

　教員は学生に教えるだけではなく、自ら研さんを積むことも

大切です。理工系では、最先端研究の場で学生を鍛えることが世界の常識です。そのためには、教員は、常に専門分野の国際、国内会議に参加し、自分の研究成果を発表するとともに、最新の情報を収集することも大切です。学会発表は、まさに教員の武者修行になります。

　特に、国際会議での発表は、著名な海外の研究者と出会うよいチャンスにもなります。そして、それをきっかけに共同研究に進んだり、海外交流の端緒になることもあります。若手の教員であれば、海外留学の可能性にも発展します。

　もちろん、大学としては、教員採用の時点で、グローバルマインドにあふれ、すでに海外の研究者と共同研究などを実施している教員を採用することも重要ですが、海外経験がない教員がいるならば、積極的に海外に送り出し、交流の場を提供することも重要です。教員の質向上は、大学のブランド力の向上に確実につながるからです。

7.4. 研究予算

7.4.1. 外部の競争的資金

　研究予算については、科学研究費補助金（科研費）や、企業の委託研究、政府研究開発プロジェクト（国プロ）など、教員が外部の競争的資金を獲得することが原則です。最近では、科研費などでも30%の間接経費が支給されます。つまり、純粋な

研究費にプラスして、管理経費が支払われるのです。これは、大学の収入になります[31]。なにより科研費の獲得額は、毎年、ランキングが発表されますので、大学のブランド力の指標となっています。このため、教員の外部予算獲得については、大学として積極的に支援すべきです。特に、申請書作成に対する組織的支援は必須です。場合によっては、申請書の「てにをは」を直す手伝いも必要となります。少々金がかかっても問題ありません。

7.4.2.　自主財源

ただし、そう簡単に外部予算が獲得できるわけではありません。よって、大学として研究のための自主予算も用意する必要があります。

これに関しては、教育のために学生が払っている学費を研究予算に充てることはまかりならんという意見が堂々と通っていた時代がありました。いまだに、同様の意見を耳にします。教育と研究は別であるという考えです。そして、「学生は教育だけに学費を払っている。だから、研究に予算をつけるのはおかしい」と。しかし、そのような大学は衰退するしかないでしょう。研究を止めれば、教育レベルも落ちるからです。

---

[31] 30%ではとても足りないという話もありますが、研究費は、本来大学で準備すべきと考えれば、外部から予算を獲得してくれるのはありがたいことではないでしょうか。

まず、大学として、卒業研究ならびに大学院の研究をサポートするための基礎的予算の手当ては必須です。そのうえで、教員ならびに学生が学会などに参加して発表する経費のサポートも研究費とは別に用意すべきです（外部発表は、広報の一環にもなります）。

　また、可能であれば論文投稿に関わる費用も大学が手当てすべきです。研究力があり、学会に積極的に参加して発表したり、学生や大学院生を研究を通して育成してくれる教員は、大学の宝なのです。そのような先生を積極的にサポートする。それが、大学として重要です。そのような大学の姿勢が分かれば、優秀な教員も集まってきます。

7.4.3.　研究環境整備

　研究を進めるには、実験設備が必要になる場合もあります。個人の研究室に装置を置くこともできますが、限界があります。

　ここで、認識すべきは、スペースには限りがあるということです。まず、ひとつの方法は、高度な設備をもった外部機関との共同研究です。大学や民間企業でもよいでしょう。国立の研究機関も候補になります。海外との共同研究が実現できれば、研究室の学生にとってもよい刺激になります。

　つぎに、共通機器センターの設置です。これには、大学予算によって必要機器を整備することも考えられますが、それでは

かなりの額の予算が必要になります。もちろん、不要な建物を
たてるくらいなら、予算の使い方としてはずっと有用なのです
が、いまだに、研究は教員の趣味と捉える理事会が多いのも実
状です。

7.4.4.　装置の共同利用

そこで、次善の策として、研究室に閉じ込められている研究
機器を拠出してもらうことが考えられます。教員によっては、
何年かに一度、大型予算が当たり、それで高価な実験設備を購
入できることがあります。

しかし、個人の研究室で、それを維持し有効活用することは、
それほど簡単ではありません。消耗品や故障への対応など、か
なりの手間と予算が必要となります。

そこで、個人の研究室でスペースを占有しながら、なかなか
使われていない装置を大学に供出してもらうのです。その替わ
り、維持費用、消耗品、故障の際の修理費用などを大学がすべ
て負担するのです。これにより、装置の稼働率が上がるうえ、
多くの教員や学生が使えるようになります。

このようなシステムを導入した大学では、研究力が向上し、
発表論文数も増えたという報告があります。また、なにより、
学生の満足度が向上したというアンケート結果も得られている

ようです。大学経営にとっても、資源の有効利用、スペースの有効活用という観点からも重要です。

7.5.　研究は大学の本分

すでに紹介しましたが、私立大学では、学生の貴重な学費を、教員の研究費に使うのは言語道断という意見がまかり通っています。理事会が「研究は教員の個人的な趣味であるので、大学として支援しない」と、堂々と宣言する大学もあります。なんとも情けない話ですが、そういう認識の大学が今でもあるのです。何度も話しているように、教育と研究は不可分ですし、なにより研究を通した教育は、人材育成にとって、とても効果的です。

また、研究力が高く、先端研究を通して学生を指導してくれる先生は、大学の宝です。研究に従事している教員は、常に、自らを鍛えなくてはいけません。論文発表は、時には試練となりますが、一方で、成果が見えるかたちで表に出るときの喜びはひとしおです。学生にとって、自らを律し、研究に励んでいる先生は、学生のよいお手本であり、かつ、魅力的な存在となるはずです。この点を理解できない大学は衰退するしかないでしょう。

第8章　大学院

「なに、大学院に行きたい？それだったら、私立はやめて国立にして
くれ。これ以上の学費負担はごめんだ。」
「いまの指導教員のもとで研究を続けたいんだけどな」
「だったら黙って就職しろ」

　いまや、理系では大学院に進学するのが当たり前になってい
ます。特に、有力国立大学の大学院進学率は80%に達するとこ
ろもあります。一方、文系では、大学院進学は一般的ではあり
ませんが、それでも大学院を設置する大学は増えています。

　それでは、大学院設置状況はどうなっているでしょうか。ま
ず、国立大学には、すべて大学院が設置されています。また、
私立大学においても462の大学、つまり、80%が大学院を設置
しているのです。

　ただし、私立大学の大学院の入学定員は41000人ほどですが、
入学者は31000人程度で、定員割れとなっています。

8.1. 大学院設置の意義

大学の重要な使命は「教育と研究」という話をしてきました。大学院は、まさに「最先端研究を通した教育」の場となっており、大学院生を指導している研究力のある教員は学部でも教えていますので大学全体のポテンシャルを挙げる存在となります。

さらに、大学院生は、学部教育のよき支援者ともなります。いわゆる TA (teaching assistant) 制度（院生が教員の教育を支援する制度）です。今後、講義においてもアクティブラーニングの要素を取り入れる必要性が高じています。その際には、TA の支援は教員にとって大きな支えとなります。

また、大学院生にとっては、TA になると給与がもらえるため、経済支援という意味でも重要です。さらに、自分が教えられる側から、教える側の一員となることで、新たな学びの場にもなります。

いちばん教育効果が高い学習方法は「ひとに教えること」と言われています。自分がよく理解できていないことは、人に教えられません。また、自分が根本で理解できない点、つまり分かっている気になっていたが、本当は分かっていなかった点を再確認することができます。大学院生は後輩の指導を通して、このことを学びます。もちろん教員も同じです。

私の友人のノーベル賞学者は、「学生に教えることは楽しい」と話していました。学生の単純な質問に戸惑ったり、自分のな

かで、「あれ」と思うことが度々で、常に新しい発見があるというのです。

8.2. クリティカルシンキング力

大学教育を通して育成すべき能力にクリティカルシンキング力を挙げました。これは、社会に出て問題解決する際の有力な武器になります。

確かな根拠に基づく情報（意見 opinion ではなく事実 fact）を出発点として、「問題がなにか」を明確化 (problem setting) し、論理的な思考 (logical thinking and approach) により問題解決手法を提案できる能力のことです。

この能力は PBL 演習や卒業研究など、学生が主体的に問題に取り組む教育によって育成されることも紹介しました。実は、大学院の修士課程ならびに博士課程において、効果的に育まれる能力なのです。

文系においても、大学院で研究を行うことにより、クリティカルシンキング力の育成はできます。ただし、文系では、研究者としての独立性がより強い傾向があります。理系では、教員が大学院生と共著で論文を発表しますが、文系には、そういう文化はなく単著が多い傾向にあります。これですと、大学院での指導も、それほど密度の濃いものとはなりにくいと思われま

す（ただし、研究に没頭することにより得られる成長はとても大きいはずです）。

　ただし、理系にせよ、文系にせよ、指導教員の当たり外れが大きいことも事実です。良い指導教員とは、大学院生を "inspire" することができる教員です。探究することの素晴らしさを伝え、そして logical thinking の手法のよき見本となる存在です。

　ただし、そのような教員は、残念ながら数は多くありません。それでも、大学院生には主体的な研究活動が許されているため、学会活動など、他の優秀な研究者との交流を通して、成長することが可能です。このとき、重要となるのが、大学としての組織的関与です。

　まず、大学院生が閉鎖的な研究室で孤立するのではなく、指導教員以外の教員（大学外も含まれます）とも関与できるような環境づくりが重要です。（できれば、実質的な複数教員による指導体制が必要です。「実質」と言うのは、単なる形式ではなく、実際に指導に参加するという意味です。）

　また、大学院生にも研究費が使えるような制度の導入も必要です。これには、学会発表や、国際会議での発表ができる予算措置も含みます。

　大学院生が学会に参加することは、とても良い経験になります。その分野の有能な研究者と知り合えるチャンスですし、自分の研究テーマについて、より深い議論をすることもできます。

大学院生にとって、とても大きな刺激になり、将来のキャリア形成のいしずえにもなるでしょう。

8.3.　大学院は経営にプラス

　ここで、私立大学の経営という観点から大学院設置のメリットについて述べたいと思います。

　大学（学部）を設置するためには、運動場やキャンパスなどを含む広大な土地とスペースが必要です。また、学生数に応じた教室や演習用スペースも整備しなければなりません。これは、大きなコストを伴います。

　一方、（学部のある）大学院の場合には、教員は学部と兼任が可能であり、大学院教育が可能な施設・設備（学部と共用可）があれば、新設する必要もありません。このため、大学の収入増という観点からは、前章でも紹介したように、大学院の充実はプラスに働きます。たとえば、小規模大学で 50 人の大学院生を修士課程に受け入れれば、100 人の大学院生が在学することになります。学費が 100 万円とすれば、大学として 1 億円の増収になります。

　ただし、大学院の設置の意義は、これだけではありません。まさに、本書の主題である「教育研究の高度化」に寄与するということです。

大学院生の行う研究そのものも重要ですが、TA (teaching assistant) として大学が雇用し、教育の一端を担ってもらうことも可能です。また、指導教員にとっては、大学院生は、よき研究仲間にもなります。大学院生の活動が外部で評価されれば、広報にもつながります。そして、何より、博士課程を有する大学においては、自大学の有力な教員予備軍となるのではないでしょうか。

8.4. キャリア形成

8.4.1. 修士課程

理系の場合、修士課程であれば、就職は非常に恵まれています。大手企業も、学部卒よりも、修士修了者を優遇しています。それは、修士課程で研究を経験した学生の成長が明らかだからです。この結果、大学院生を多く抱える大学では、優良企業への就職者が多くなります。これは、大学にとって大きなアピールポイントになります。

一方、文系の場合は少し事情が異なるようです。つまり、大学院の修士課程を修了したことが就職に有利にならないようなのです。

これは、とても残念なことです。文系においても修士論文を完成させ、その内容をきちんとまとめてプレゼンテーションをした学生は、クリティカルシンキング力を身につけています。

この能力があるということは社会に出てから大きな強みとなるはずです。

　さらに、厳しい環境下でも「大学院に進学して研究したい」という強い意志を持ち、探究心にも富んでいるはずです。その能力を社会で活かすことは、将来の日本にとっても大切です。

　ここで、大学として重要なのは、指導教員にすべてを任せるのではなく、キャリア形成などに関しては、積極的に大学院生の支援をすることです。

　さらに、大学院生は孤立しがちですので、学生どうしのネットワークや、他大学との交流もサポートすべきです。特に、海外学生との交流は、励みにもなりますし、本人にとって大きな財産となります。

　研究に没頭することは素晴らしいことですが、どうしても視野が狭くなりがちです。それを大学の工夫で、広い世界が見れるような環境整備をすることが大事ではないでしょうか。それが、大学院生のキャリア形成にもつながります。

8.4.2.　博士課程

　博士課程修了者のアカデミックポジションへの就職はなかなか厳しいのが現状です。博士課程に進んだひとは探究心に優れ、また、研究活動や学会発表などを通して、クリティカルシンキ

ング力も身につけています。社会にとって有為な人材が多いのです。

　最近では、英語で論文を読み、海外のジャーナルに投稿し国際会議にも発表しますので、グローバルな視野もあります。大学として、短期であっても海外留学の機会を提供すれば、活躍の場は大きく広がるはずです。

　また、就職先を民間企業に求めることも大事です。学生は、教員からの話で、一度、民間企業に出るとアカデミックな職には就けないと誤解しているふしがあります。かつては、そういう時代もあったかもしれませんが、今は違います。むしろ、民間企業など多様な仕事を経験したひとが教員として採用される傾向にあります。この話をすると、多くの博士学生が民間企業にも興味を示すようになります。

　指導教員によっては、いまだに、大学の外の社会を知らないひとも居ます。留学経験がない場合には、閉鎖的な日本の大学で過ごしてきたことになります。

　大学としては、博士学生が、国内国外のより多くのひとと交流を持ち、アカデミック分野を含めた社会との幅広い接点を持てるような仕掛けづくりが必要です。

8.5. 交流の場を拡げる

　多くの大学院生はクリティカルシンキング力に優れ、研究力

も有しているため、社会にとって有為な人材という話をしてきました。

　一方で、自分の専門分野に固執しすぎるきらいがあるとも言われます。自分が、多大の時間をかけ、情熱を注いできた分野に思い入れがあるのは当然です。しかし、それ以外の分野には興味がないので取り組まないというのでは、社会では通用しません。研究職に進んだとしても同様です。

　ここで、重要なのが「多様性」"diversity" です。研究の世界は実に多様性に富んでいます。そして「世界を見る」"see the world" ことです。その多様性に触れるだけで世界観が変わります。よって、大学は、大学院生の海外経験を促進すべきなのです。

　そして、可能ならば世界に仲間をつくることも必要です。実は、海外でも、大学院生、特に博士課程の多くの学生は将来に対する不安を抱えています。海外に、同じような研究テーマに従事し、しかも、いろいろなことを相談できる友人がいることは、どんなに心強いことでしょうか。

　私は、博士課程の学生に対しては、国が奨学金を用意して、希望者は全員が海外留学できる制度の導入が必要と強く思います。それが、ひいては日本の将来のためにもなります。

第9章　グローバル

「グローバル」なんて金食い虫だ。

学生を海外に送るのにも、留学生受け入れにも金がかかる。

日本人学生さえ受け入れていれば大学は困らない。

うちの大学には英語が話せる教員も職員もいないのに、なにがグローバルだ。

　大学を評価する場合、グローバル化にどれだけ力を入れているかが重要な指標となっています。かつての日本の大学は、日本人学生を相手に、日本語で教育すれば、それでよかったのです。就職先も日本の企業でしたから、世界のことなど学ばなくとも社会でやっていけるという見方もありました。

　しかし、21世紀に入って、いまや日本も世界も大きく変化しています。経済も文化も国境がなくなっていますし、もともと、日本の企業はグローバルマーケットを目指して海外展開してきました。教育のボーダーレス化も進んでいます。世界では、毎年400万人を超える学生が国境を越えて海外の大学で勉強をしているのです。

　20 年前までは、多くの親は、子供が海外に留学することなど考えてもいませんでした。就職活動で海外赴任の可能性を面接官が聞いたとたん、子供に、そんな大変なことはさせたくない、そんな会社はやめたほうがよいと助言していたと聞きます。

　ところが、いまや、大学に留学プログラムがあるかどうかを大学選びの判断基準のひとつにしています。大学進学の相談コーナーを設けると、志望大学に留学コースがあるのか、留学生はどの程度居るのかと言うことを親から質問されるそうです。

　そして、いま志願者（数字の上での、まやかしではなく、実際の志願者数）が増えているのは、グローバル化にまじめに取り組んでいる大学が多いです。これは、地方の小規模大学にとっては朗報です。その気になれば、グローバル化に舵をきるのは、それほど難しくないからです。

　ただし、「まじめに取り組む」ということが重要です。「国際」という名を冠しながら、実態が伴っていない場合が多いからです。また、ビザの欲しい外国人の受け皿になっている大学もあります。これらは論外です。

9. 1.　多様性

　グローバル化のひとつの意義は、**多様性** (diversity) の理解と思います。かつてに比べれば、日本においてもグローバル化は進んでいますが、まだまだ閉鎖的な社会です。

実は、教育も研究も多様性のなかで輝きを増すと言われています。民間企業においても、多様性の重要性が認識されており、アメリカの調査においても成長している企業は、多様性を重要視していると言われています。

　日本の企業もグローバル化を目指していますので、多様性を大切にするようになっています。当然、就職する学生たちにも多様性への理解が求められます。

　そこで、海外の大学や企業が "diversity" に関して掲げている文言を抜き出してみました。

①　Diversity enriches the educational experience.

　　　多様性は、教育経験を豊かにする

②　We learn from those whose experiences, beliefs, and

　　perspectives are different from our own.

　　　人間は、経験や考え方が違い、自分とは異なった見方をするひとたちからより多くのことを学ぶ

③　Diversity encourages critical thinking.

　　　多様性はクリティカルシンキング力の醸成を促進する

④　Diversity fosters mutual respect and teamwork.

　　　多様性は、互いを尊重する精神を涵養し、チームワークの醸成へとつながる

⑤　Diversity drives innovation.

　　　イノベーションは多様性の中から生まれる

⑥　People with more diverse sources of information generate consistently better ideas.

多様な背景を有する人々が集まるほうが、よいアイデアは生まれる

いかがでしょうか。納得できることばかりです。しかし、多様性が重要と言われても、日本のような閉鎖的な環境に居ると、なかなか実感できないのも事実です。このため、グローバル経験が必要となるのです。

9.2.　経験は最良の教師なり

私は、高校時代にアメリカに交換留学する機会を得ました。そのときの経験は、いまでも生きており、一生の宝と思っています。そして、学生には、折に触れ "Go abroad and see the world"「海外に行って世界を見てきなさい」と伝えてきました。そして、海外に行く意味の一つに「多様性の理解」"appreciation of diversity" があるとも話していたのです。世界は多様性に満ち溢れています。

すると、学生のひとりが、「日本人にも、いろいろなひとが居て、実に多様です。海外に行かなくとも、日本で多様性は学べるのではないですか」と聞いてきたのです。まさしく、その

通りです。しかし、世界の多様性はまるで違います。そこで、海外に行って自分の目で確かめるように助言しました。

　彼は、大学が提供しているタイの2週間の海外研修に参加するかどうか迷っていたようなのです。その後、帰国した彼は興奮したように言いました。「海外の多様性はまったく違います。これは、実際に行ってみないと分かりません」と。

　そして、帰国後は、まわりの学生に海外に行くよう勧めてくれました。また、より長期の留学にも参加し、大学のグローバル化の一翼を担ってくれたのです。まさに "Experience is the best teacher." 「経験は最良の教師なり」です。

9.3.　教職員の海外派遣

　グローバル化の重要性を話すと、自分の大学には、それを担える人材がいないという話をよく聞きます。もちろん、外から人を連れてくることも考えられますが、すぐにいい人が見つかるわけではありません[32]。

　また、期待外れということも多いです。それならば、今いる教職員を育成すればよいのです。たとえば、希望者を募って海外留学に送り出すことも一案です。すると、留学先の大学との交流ができ、窓口となってくれます。将来、学生の留学先の候

---

[32] 教職員採用の際に、グローバルマインドのある人材を採用することも重要です。

補にもなるでしょう。

　それでは、金がかかるとか、教職員が留学している間の仕事を誰がやるのかという後ろ向きの話が出ますが、長い目でみれば、大学にとって必ずプラスになります。

　また、無駄な建物や不要な工事を止めれば、十分まかなえる金額です。ひとへの投資は、将来への投資となります。せっかく留学させても、他大学へ移っていったという事例を出し、反対するひとも居ます。しかし、そんな教員ならば、むしろ移動してくれたほうが、大学にとっては良かったと言えるでしょう。

　さらに、些末かつ個別の事例にこだわっていたのでは、大学の改革などできません。

9.4.　学生を海外に送り出す

　最近では、学生を短期の海外研修に送り出す大学も増えています。個人で計画したものよりも、大学のサポートもありますし、なにより安心安全です。

　海外での経験は、学生にとっては大きな刺激とともに財産になります。日本しか知らない学生は、特に、そうでしょう。語学研修においても、現地の人との交流など、いろいろなプログラムも組まれています。また、バディと言って現地の大学生がサポート役についてくれることもあります。密度の濃い研修が

多いのです[33]。

　残念ながら、文科省は短期（1 か月未満）海外研修は留学として カウントしないという方針を出したようです。民間委員からの指摘と聞いています（この措置により、国の補助金対象外になります）。

　確かに、留学とは名ばかりで、日本人だけがつるんで海外旅行にでかけ、問題になった事例もありました（学生が飲酒して大騒ぎし、警察に通報された事件もありました）。

　しかし、このような一部の例を取り上げて、短期留学を非難するのは間違いです。大学が責任をもってコース設計したものは、教育内容の質保証が確保されており、まったく違います。

　また、海外の協定大学の学生と一緒に課題に取り組む演習もありますが、学生を大きく成長させます。実際に、短期留学をきっかけに、長期留学を希望する学生も居るのです。

　いずれ、短期であっても、海外経験は学生を大きく成長させます。もちろん、コストはかかりますが、最近では、東南アジアの国々が、海外研修プログラムを用意しており、リーズナブルな値段での海外研修も可能となっています。日本の大学と協働で、課題解決型演習を取り込んだプログラムも開発されており、旅費も含めて 10 万円を切るものも多いです。

---

[33] 海外研修プログラムは、現地の大学にとって貴重な収入源となっています。このため、他国の好事例を参考にしながら、魅力あるプログラムが組まれています。

　また、学生にとって海外の友人ができることも魅力となります。多様性を理解する良い機会です。さらに良いことは、多くの学生が「いかに日本が良い国かが分かった」という感想を持つことです。特に、時間のルーズさに辟易する学生も多いようです。「約束の時間を守らない。公共交通機関が時間どおりに来ない」などです。自分の国を見つめ直す良い機会になるのではないでしょうか。それらの経験も、海外に行く大きな意義です。

9.5.　留学生

　今、世界では、毎年400万人以上の学生が国境を越えて他国の大学で勉強しています。コロナ禍の影響で、人の移動には制限がありますが、今後、海外渡航に対する緩和が進み、留学生数も増えていくでしょう。

　ところで、日本では少子高齢化が進み、18歳人口がどんどん減っているという話をしました。それが、大学経営を厳しくしている一因とされています。

　一方、世界では、大学に入学したいという学生が増えているのに、大学が足りていない状態です。それならば、日本の大学が受け入れればよいのではないでしょうか。実は、日本の大学の学費は、アメリカに比べれば高くありません（ヨーロッパ、オーストラリアでは自国民の学費は安いですが、留学生からは高額な学費をとっています）。

さらに、東京は厳しいですが、地方の生活費は高くありません。自治体によっては、空きアパートを安く提供しているところもあります。

いまのところ、留学先で、一番人気はアメリカです。つぎに、イギリスやオーストラリアなど、やはり、英語圏が圧倒的に人気が高いです。しかし、日本の高い工業力もあって、日本の大学に入学したいという海外の学生も多いのです。

海外の留学生が身近にいることは、日本人学生にとってよい刺激になります。また、英会話の訓練もできます。

ただし、一部の私立大学が行っているように、在留資格が欲しいだけの外国人を留学生として受け入れているところもありますが、これは問題外です。また、定員枠外の留学生を研究生として受け入れ、1600名が行方不明となり、問題となった大学がありました[34]。これらは、多くの大学が勧めている「グローバル化」とは、まったく関係がありません。

大学の将来を考えれば、このような愚行が許されるはずはありません。また、多くの大学が取り組んでいる「グローバル化」と同列にすることができないことは明らかです。

---

[34] 東京福祉大学の一件は問題外ですが、マスコミは定員割れに苦しむ私立大学が、学力の担保のない海外留学生で定員を満たそうとしていると批判的な報道をしています。

9.6. 教職員の国際性

いまの日本の大学では、学生の多様性だけではなく、教職員の多様性も足りていません。外国人の教職員は、いまだに少ないというよりは、ほとんどいないというのが現状です。

大学は、世界に開かれた存在でなければなりません。教育に国境はないからです。しかし、いまのままでは、どこの大学でも外国人採用は難しいでしょう。

一方で、すでに指摘したように、多くの大学では、施設設備に金をかけている大学もあります。ここで、外国人教員を5名、外国人職員を5名雇用したとしましょう。年間コストは1億円です。200億円で建物をつくる余裕があるならば、安いものではないでしょうか。

ただし、コストをかけずにグローバル化を推進する手立てはあります。教職員の交換です。東南アジアの大学と提携し、互いの教職員の交換を行うのです。日本人にもよい研修になります。また、学生の交換留学も可能となる制度です。

第10章　広報

「広報に金を使えば、高校生が集まると聞いていたのに、一向に志願者が増えないではないか。4年で2億円も出しているのに、いったい、どうなっているんだ。」

「理事長、業者が年5000万円では足りないので、年1億円に増やせと言ってきています。」

　大学にとって広報は大切です。特に、あまり名前の知られていない大学にとって、自大学を知ってもらうよい機会になるからです。

　ところで、「経営のうまくいっていない」大学から、「せっかく大金をかけて広報を打ったのに志願者が集まらなかった」という話をよく聞きます。

　これには根本的な問題が内在しています。広報をするためには、「自分の大学の何がセールスポイントか」を明確化する必要があります。外にアピールすることがないのでは、いたずらに金をかけて広報をしたとしても志願者は集まりません。

　これに対し、ある大学から「うちは教育はきちんと行ってい

る」という反論がありました。実は、その大学はシラバスを外
部に公開していませんでした。そこで、内部資料として、シラ
バスを見せてもらいましたが、基準を満たす内容ではなかった
のです。

　どうも、「よい教育」と言っているのは、閉じこもりの学生に
は、教員や職員がアパートを訪ねて外出を促したり、卒業が難
しそうな学生の単位取得を支援するといった活動のことを指し
ているようなのです。また、就職活動で挫折した学生のケアも
しているということでした。

　もちろん、これらの活動の意味がないとは言いません。しか
し、それ以前の問題として、教育の芯が通っていないのが問題
なのです。学生のやる気を喚起するような教育をしていれば、
事情は変わっているはずです。

10.1.　大学の使命を思い出そう

　すでに、紹介したように、大学活動の両輪である「教育と研
究」をしっかりさせることが、大学経営のまず第一歩です。そ
して、それは自己満足であってはいけません。世界標準があり
ますし、まわりによい見本がありますので、それに則って、整
備することが大切です。

　そのうえで、大学の広報としては、教育あるいは研究におい
て、外部にアピールしたい成果があれば、それを発信すればよ

いのです。

　ただし、金をかけて外部の業者に依頼するという方法では、あまり効果はないでしょう。コストをかけずに、いかに大学の良さを知ってもらうかという視点も大切です。

　たとえば、地方の大学であれば、教員と学生がフィールドワークの一環として、地方の企業や自治体と協働で実施している活動は、地域のマスコミが取り上げてくれるはずです。大学の広報としては、学内の活動にアンテナをはって、このような活動を盛り立てるとともに、外部のマスコミに宣伝することが必要です。

　第三の大学の使命に「社会貢献」があります。教員と学生が一緒になって、社会課題に取り組み、その結果を公表していくことは、大学の広報にもつながりますが、一方では、立派な社会貢献になるのです。

10.2.　戦略的広報

　大学広報は、受け身、つまり待ちの姿勢だけではなく、自らが学内の活動を開拓することも重要です。つまり、大学にアピールできる活動がなければ、それを教職員が一緒になって作り出していけばよいのです。

　改革に前向きな教員も職員も必ず居ます。相談すれば協力してくれるはずです。そして、アピールできる点の発掘は、自分

の大学について見つめ直すよい機会にもなります。とても、楽しい作業になるのではないでしょうか。可能であれば、学生にも参加してもらいアイデアを募集するものよいでしょう。

10.3.　自大学の事を知る

　また、自分の大学の状況分析をデータを使って行うことも大事です。すでに紹介したように、データサイエンスの重要性から、文系においても、その必修化が推奨されています。しかし、導入されようとしている科目は、「データ」をいかに使うかという視点ではなく、「〇〇学」という理論がメインとなっています。いきなりガウス関数や特殊関数なども登場します。これでは、多くの学生が挫折してしまいます。

　身近なデータ、それも、自分が在籍する大学のデータ分析ならば興味も湧くはずです。それを、まずは四則計算を使って解析していくという経験をすればよいのです。生きたデータサイエンス教育にもなります。

　そして、これらの活動を通して、大学としてアピールしたい点を整理していけばよいのです。マイナス面をみる作業はつらいものですが、プラスの面を教員、職員、学生が協働で探す作業はとても楽しいものになるはずです。そして、生きた教育にもなります。

第 11 章　入学者選抜

「点数主義って嫌だよね」

「たった 1 点で不合格になる世界だからね」

「でも、点数以外でどうやって合否を決めるんですか」

「それは……　」

　大学にとって入学試験はとても大切です。そして、すべての
出発点となります。なぜなら、志願者が集まらなければ、大学
は成り立たないからです。前にも紹介したように、私立大学は
定員を満たせば経営が成り立ちます。ですので、まずは、志願
者集めがすべてなのです。

　入試の形態は多様ですが、大きく分けると、一般入試、学校
推薦型選抜、総合型選抜と、大学入学共通テスト利用入試とな
ります。

　大学は、それぞれの入試に入学定員を設けて、最終的に収容
定員を満たすようにします。

　しかし、志願者集めに苦労している私立大学も多く、四割程
度が定員割れを起こしているとも言われています。これには早

急の対策が必要ですが、特効薬があるわけではありません。原点に立ち返って、大学の使命である「教育と研究」を充実させることが基本であり、大切であると何度も話しました。

11.1.　私立大学入試事情 I

いまから 30 年以上も前でしょうか。ある私立大学の先生から自分の学科がつぶされそうだという話を聞きました。入試の倍率が 3 倍を切ったら警告、2 倍を切ったら学科閉鎖と言われたというのです。

倍率が 3 倍あるのならば、安泰だろうと思って聞いていたのですが、私立大学の事情に気づきました。つまり、3 倍の志願者があって、全員に合格を出したとしても、定員を満たさない可能性があるということです。

一流の国立大学と違い、私立大学では併願が当たり前です。その際、他校に受かれば、そちらに受験生が流れる可能性があるのです。有名な私立大学であっても、事情は変わりません

このため、私立大学では、定員確保が見込める推薦入試を重要視する傾向にあります。実際に、推薦入試の定員を増やしてもいます。こうすると、一般入試の枠が減り、難易度も上がりますので、結果、偏差値が上がることになります。

さらに、最近では、私立大学の入学者の定員管理が厳しくなっています。ある比率を超えると、ペナルティも課されますの

で、大学は定員オーバーに気を付ける必要があります。一方、定員管理を厳しくしすぎると、定員割れを起こす可能性もあります。こちらにも目配りが必要です。

このように、大学入試では、かなり微妙な綱渡りを演じなければならないのです。

この対策として、一般入試では、ある程度合格者をしぼって発表し、補欠合格を出します。そして、定員に空きが出たら、電話攻勢で、追加合格を出すのです。本来の入試を考えれば、とてもいびつな構造になっていますが、定員管理のためには仕方がありません。

ところが、入試改革を唱えるひとたちは、このような私立大学の状況は無視して、合格者が全員大学に入学するという前提で議論をしているように見えるのです。

11.2. 高大接続改革

実は、いま大きな入試改革が進んでいます。これは、高校・大学入試・大学が一体となった教育改革のことで、高大接続改革と呼んでいます。

背景には、いまの高校教育が本来の人材育成からはずれ、大学入試のための教育になっているという指摘があるからです。よって、入試が変われば、高校教育も変わるという考えです。

さらに、「入試」という言葉も使わずに、「入学者選抜」と呼ぶ

ことになっています。

　それでは、どのような能力を評価するのでしょうか。それは、以下に示す学力の 3 要素です。そして、本来の教育によって、これら能力を育成、評価するための一体的な改革が必要とされているのです。

学力の 3 要素

①　知識・技能

②　思考力・判断力・表現力

③　主体性を持って多様な人々と協働して学ぶ態度

　これら能力があれば、確かに素晴らしいです。①は、いままでの入試で問うてきた能力かと思います。問題は②や③です。これら能力を、どのようにして育成するかも難しいですが、それを評価するのも簡単ではありません。特に入試では、公正性と高い透明性が要求されます。

　さらに、これらの能力は高校までで育成すべきものではなく、大学 4 年間あるいは、その後の大学院や社会に出てからも育成していくべき能力ではないでしょうか。つまり、一生をかけて育てていくものです。

11.3. 私立大学の事情 II

ここで、ふたたび私立大学の事情を見てみましょう。新制度として提唱されている入学者選抜には大変時間と手間がかかります。点数だけで評価するのが難しい能力が多いため、学修ポートフォリオを作成し、生徒の学修記録をつくり、さらに、点数では評価が難しい能力に関しては、ルーブリックも導入して、多面的に評価すべきとされています。

このとき、大学側で重要になるのが、すでに紹介した3ポリシーのひとつである**アドミッションポリシー**です。つまり、入学者受け入れの方針です。大学は、その方針にしたがって入学者を選べばよいということになります。

こう言ってしまえば簡単ですが、実状はそうはいきません。まず、私立大学は、やる気さえあれば、多くの学生に来てほしいのが本音です。ですから、アドミッションポリシーで、わざわざ選択枠を狭める必要はないのです。

ところが、教育改革では、アドミッションポリシーに盛り込むべき事項について、ガイドラインを作成し、大学に提供するとまで言われています。

大学の立場からすれば、いくら主体性があっても、ある程度の学力がないと授業についていけないので困ります。よって、学力は最低限、見ておきたいところです。

一方、学力の3要素の②と③を評価するのは、とても大変で

す。かなりの手間がかるはずです。そして、苦労して合格者を出したとしましょう。ところが、私立大学では、すでに紹介したように、合格者の多くが他大学に流れていってしまう可能性があるのです[35]。これでは、苦労して選抜する意味がないのではないでしょうか。新制度で合格を出した受験生が、ごっそりいなくなったのでは、アドミッションポリシーの意味がありません。

11.4.　私立大学のとるべき道

11.4.1.　高校との連携

　新しい入学者選抜制度が本格導入されたときに私立大学としてとるべき道はなんでしょうか。まず、ひとつは、高校との連携強化と思います。

　ミスマッチを防ぐためにも、大学のことをよく知ってもらうことが重要です。そして、この大学なら進学したいと思ってくれる高校生を増やすことです。

　その際高大連携の推進も重要です。いま、高校でも探究学習が推奨されていますが、高校の先生の多くは経験がありません。テーマ選定でも苦労していると聞きます。そこで、大学の研究室での研究活動を高校生に体験してもらうのです。文系、理系

---

[35] 2020 年の慶応大学の理系の受験者で、東大理系との併願で両方受かった数はほぼ同じ 500 名程度です。早稲田受験者でも同程度です。これだけの数が東大に流れてしまうのです。

は関係ありません。

その際、大学の教員だけでなく研究室所属の学生との交流もとても重要になります。年齢の近い先輩の言葉がより説得力があるからです。それが、きっかけで大学進学を決意してくれれば大学にとってはありがたいです。形式的な選抜よりも、実のあるものとなります。

11.4.2. 学校推薦型選抜

つぎの策は、推薦枠の強化ではないでしょうか。これも立派な高大接続改革です。推薦対象の生徒の学修ポートフォリオが充実していれば、学力評価も含めた総合的な選抜が可能になります。

いまの5段階の評点評価では、学校間の差が激しすぎますし、教員による評価は絶対ではありません。レベルの高い高校の4と、そうでない高校の4では意味が違います。そして、成績とともに学修過程が記録されたポートフォリオがあれば、よりていねいな評価が可能となります。さらに、英語検定試験や数学検定試験など、外部の評価機関のデータもあれば客観性の高い評価ができます。わざわざ入試をしなくとも選抜が可能です。入試がいらないならば、余計な手間も省けます。

また、ポートフォリオの内容が高校から大学へと引き継がれれば、教育の高大接続にもなり7年間にわたる学修過程の記録

が蓄積されることになります[36]。

　ただし、人間には無限の可能性があります。そして、あることをきっかけに大きく成長することもあります。ポートフォリオという記録が、本人の飛躍の足かせになってはいけないという点も指摘しておきたいと思います[37]。

11.5.　多様性の尊重

　いまの高大接続改革で心配しているのが、発達障害などに悩む高校生のケアをどうするかです。彼らは学力が高くとも、他者とのコミュニケーションに難があったり、協調性をとるのが困難な場合もあります。いまの制度で学力 3 要素をそのまま評価すると、②や③の点数がとれずに、彼らの行き場所がなくなってしまう可能性があります。

　もともと、発達障害のように「障害」"disorder" という名称を冠することにも私は抵抗があります。ひとは実に多様です。ですので、むしろ、ひとつの個性として、まわりも、そのことを理解しながら、その人のよいところを引き出していく。それが、これからの社会に重要なのではないでしょうか。まさに、

---

[36] 海外では民間企業が就職採用時に使いたいという要望もあるようです。大学側は拒否していますが。
[37] 進路を決めるときなど、ポートフォリオをもとに、あなたはこの程度の人間だから、無謀な挑戦はやめたほうがよいと諭すひとも必ず居ます。

「多様性の尊重」の一環です。

11. 6.　入試のプロの述懐

最後に、入試の専門家と言われるひとが、ある講演会で話したことを紹介します。

「賛否両論はありますが、入試の合否判定は単純かつ明確が基本です」というのが彼の持論でした。さらに、こんなエピソードも紹介していました。

「あなたは、学力試験の点数が少し足りなかったので落ちた」と言われたら、「そうか、それならもう少し頑張って、再チャレンジしよう」と思うでしょう。

しかし、「あなたは、学力は合格点に達していましたが、他者と協働して学ぶ態度がなっていないので、試験に落ちました」と言われたら、どうでしょうか。再チャレンジは難しいですし、人によっては、打ちのめされるかもしれません。

私は、この話に「なるほど」と思わずうなずきました。入試判定は単純明快であるべきです。点数主義はいけないと言われますが、点数だからこそ境界がはっきりします。1 点差で落ちたら悔しいでしょうが、あきらめもつきます。しかし、学ぶ態度が悪いから落ちたと言われたら救いようがありません。

やはり、大学で学ぶための基礎学力があること、それが、入口の条件であるべきと思います。

第 12 章　就職

　大学にとって、学生の就職はとても大切です。入学者選抜が
入口ならば、就職は出口です。特に、学費の高い私立大学にと
って、学生が就職できるかどうかは経営上の最重要課題です。

　世の中には、大学は「就職予備校」ではないという意見もあ
ります。しかし、多くの親や学生にとっては大学から社会に出
て就職するのが当たり前です。大学の大きな使命も「社会に有
為な人材を輩出する」ことです。

　私立大学の学費は、4年間で400万円程度です。理系では600
万円程度かかります。学費を払う親からみれば、大変な経済的
負担であることは確かです。

　保護者からは学費が高いという苦情をよく聞きます。コロナ
禍で学費返還の声が上がったのも、ある程度、納得できます。
ただし、保護者の態度が一変することがあります。それは、お
子さんがきちんとした会社に就職できた時です。

　日本の私立大学が、高い学費にも拘わらず、学生が来てくれ、
経営が成り立っているのは、大学がしっかりとした教育をして、

学生を社会に送り込んでいるからなのです。この事実を忘れて
はなりません。

12.1. 日本の特殊事情

ところで、大学を出たばかりの新卒学生が高い就職率を誇れ
るのは、世界をみると、日本の特殊事情となっています。

日本では、大学卒業時に企業が一括採用をしてくれます。学
生もそれを当たり前と捉えています。これを非難するひとも居
ますが、私は、世界に類を見ない優れた制度と思っています。

アメリカでは、就職希望者は、企業にしても、政府機関にし
ても、インターンとして一定期間無休で働き、それが認められ
て初めて就職というケースが多いのです。他の国においても一
括採用はありません。

AP 通信が 2012 年に "1 in 2 new graduates are jobless or
underemployed" という記事を発表しています。アメリカで四年
制大学を卒業した 25 歳以下の若者の内、2 人に 1 人、約 150 万
人が、仕事につけないか、アルバイトなどの、大学卒の学歴を
必要としない職業についているという内容です。ハーバード大
学を出て、スターバックスでバイトをしている若者も紹介され
ています。しかも、アメリカでは、私立大学の学費が非常に高
く、多くの学生がローンを組んでいるため、大学卒業と同時に
借金を抱えるのです。1000 万円近い借金となることもあるよう

です。これでは大変です。この若者の苦境が大統領選の争点にもなっているのです。

　隣国の韓国においても、大卒の就職率は 70% 程度となっています。OECD が発表した 2016-2017 年の世界の国々の若年失業率では、ヨーロッパが高く、フランスで 23.8%、イタリアではなんと 39.1% です。これは、深刻な問題ではないでしょうか。アメリカ、イギリスでも 10% 台となっており、これらの国でも社会問題となっています。

　一方、日本の失業率は 4.3% と低く、恵まれた環境にあることが分かります。このおかげで、日本の私立大学も存続できていると言っても過言ではありません。高い学費を払っても、就職できないのでは、学生にとっても、保護者にとっても、大学に行く意味がなくなるからです。

　先ほど、就職が決まったとたんに、保護者の態度が変わるという話を紹介しました。当然でしょう。誰でも子どもの将来は心配です。よって、私立大学は就職を最重要課題に据え、1 年生のときからキャリア形成のサポートをする必要があります。ただし、低学年では切迫感がない学生も多いのも事実です。そのため、大学として社会と触れる機会をできるだけ設ける必要があるのです。

12.2. 外部の協力をあおぐ

しかし、大学によっては、学生の就職支援までなかなか手が回らないという話もよく聞きます。また、企業との窓口となるには、それなりのノウハウも必要という話も聞きます。ただし、大学がすべて自前で準備する必要はありません。

実は、平成 23 (2011) 年の大学設置基準の改正により、キャリア教育が義務化されています。この改正を視野に、その前年度から産学協同による大学教育に対する支援策も打ち出されています[38]。つまり、大学は堂々と、学生の就職支援に向けた教育をカリキュラムに導入することができるのです。

大学教育に対して興味を持っている企業はたくさんあります。もちろん、その背景には、求人ということもありますが、それだけではありません。学生との交流が、会社や社員にとって大きな刺激となるからです。また、地方の企業によっては、地方振興や地方活性化という観点から、大学と積極的に関わりを持ちたいところも多いと聞きます。

残念ながら、大学も教員も、せっかくの制度をうまく利用できていないのが現状です。教員によっては、社会人として企業などでの勤務経験がないため、キャリア教育に興味もなく、自分はもともと関係ないと思っている者もいます。これは、私立

---

[38] 平成 22 (2010) 年から文科省が「就業力育成事業」を実施し、180 大学が採択され、企業とともに学生の就業力を高める「産学連携教育プログラム」が導入されています。

大学としては大問題です。大学は、教職協働も含めて、外部組織と協力しながら、1 年次からキャリア教育を進める必要があります。

12. 3.　インターンシップ

キャリア教育が義務化された際に、話題になったのが、インターンシップでした。企業の現場で学生が仕事を経験すれば、その内容がよく理解できるはずです。両者にとって Win-Win となる良い制度と思っています。

ところが、平成 17 (2005) 年ぐらいからインターンシップを単位化するという話が出てきて、少し混乱が生じています。それは、採用に直結するようなインターンシップは、好ましくないと言われだしたことです。

大学の単位として認定するならば、就職と結びつくものは望ましくないという考えと思います。当時は、アメリカの大学のインターンシップのことが引き合いに出され、それが単位化されていることも良い事例として紹介されていました。

ただし、アメリカの制度を、そのまま受け入れるのには無理があります。アメリカでは、日本のような就活がありません。一括採用もなく、就職説明会もありません。学生にとって、インターンシップが就職への数少ない道となっているのです。このため、企業への長期インターンシップを売りにして学生を集

める大学もあります。私は、このような国状の違いを考慮しないと方向性を誤まると思っていました。

　結論から言うと、私は、日本では採用に直結するインターンシップを推奨します。また、単位化は、それほど必要ないとも考えています。企業側の担当者にとってみたらどうでしょう。将来、自社に就職しない学生のために、社員が貴重な時間を費やし、その指導にあたることに意味があるでしょうか。

　現在、求められている教育の質保証を考えれば、単位化は、かなりハードルが高くなります。それに、学生の安心安全を確保する必要もありますし、社外には出せない秘密事項もあります。情報管理まで考えると、関係のない学生の受け入れなどしたくないでしょう。

　令和元 (2019) 年に、政府は 21 年卒の学生から採用直結型インターンシップの禁止要請を出しました。この背景には、インターンシップを利用した青田買いがあるためとされています。就職協定違反の可能性もあるとのことです。インターンシップは、学生にとっても、貴重な時間を使った体験です。ミスマッチを防ぐ意味でも、双方にとってよい機会なのですから、将来の就職を考えたインターンシップはあっても良いのではないでしょうか。

　幸いなことに、令和 4 (2022) 年 6 月に、文科省、厚労省、経産省が共同で発表を行い、インターシップの経験が、企業の採

用に直結してもよいことになりました。まだ、制約はあります
が、とてもよい傾向と思います。

12.4.　就職活動

　学生にとって、就職は一生の一大事です。それによって人生
が決まることもあります。ですので、大学として、彼ら彼女ら
の就職支援をすることは至極当然の事です。

　以前は、大学や学科に企業から推薦依頼が来ました。各学科
ごとに企業の推薦枠が当てられ、学科内で調整のうえ、大学が
推薦すれば、ほぼ 100% の内定が得られました。ただし、大学
から発行する推薦状は 1 通のみであり、他の会社を受けること
はできません。

　このような就職の仕組みは今に比べるとずっと楽でした。学
生も就職活動などせずに、卒論、修論にしっかり取り組めば、
就職は確約されていたからです。

　ところが平成 16 (2004) 年頃から、自由応募という制度が主
流となりました。インターネットを使えば、自由に希望の会社
にエントリーできるのです。一方、大学に推薦依頼は今でも来
ますが、推薦状をもらえたからといって、就職が確約されたも
のではなくなりました。

　自由応募といえば、聞こえはよいのですが、いろいろと大変
なこともあります。ある大企業の担当者は、20000 件以上のエ

ントリーがあり、対処に困ると言っていました。採用予定が 100 人とすれば、200 倍の競争となります。担当者は、最初の書類選考だけで疲弊してしまいます。

また、学生が何社も受けるために大学の授業が受けられないという問題も顕在化しました。このため、就職協定なども登場したのですが、必ず守らなければならない規則ではありません。

ただし、就職活動については弊害ばかりが指摘されていますが、よい面もあると感じています。それは、学生の変化です。スーツをしっかり着るようになり、教員への接し方も変わります。メールの文章もていねいになりますし、研究室の出入りでも、しっかりと挨拶するようにもなります。社会に出てから必要な常識を学ぶ良い機会となっているのです。

就職活動を悪いと決めつけずに、社会勉強のよい機会と捉えることも大事ではないでしょうか。

12.5. 大学がすべきこと

キャリア教育が義務化されているならば、大学は、それを積極的に活用することが重要です。それを、堂々とカリキュラムに取り入れることが可能だからです。

この際、重要なのは、学生が 1 年生のときから、社会との接点を持てる環境を提供することと思います。学問の真髄は "I do and I understand" です。

第 12 章　就職

　さらに、大切なのは、自前ですべてまかなうのではなく、ま
わりの企業や自治体の協力を仰ぐことです。そして、キャリア
教育には、事務職員が積極的に関与することも必要です。社会
経験のない教員も少なからず居るからです。

　さらに、フィールド演習を導入している教員が大学に居るな
らば、協力を仰ぎ、教職協働で外部との協力関係を築くことも
大事です。学生は、社会から大きな刺激を受けますし、1 年生
から社会との接点があれば、就職活動においても有利に働くは
ずです。

　いずれ、学生の就職支援は、私立大学の最重課題と位置づけ、
大学として積極的に関与することが求められます。

第13章　大学と情報

「敵を知り、己を知れば、百戦殆（あやう）からず」

これは、有名な孫子の兵法のひとつです。大学においても「己を知る」ことがとても大切です。

ただし、「言うは易く、行うは難し」で、自分の大学の実態を掴んでいるひとは、そう多くはないでしょう。

　現代は「データ駆動型社会」と言われ、インターネットの発達で、実際に多くのデータが簡単に手に入るようになりました。大学関連の情報もネットにあふれています。

　しかし、データはたくさんあればいいというものではありません。まず、正しいデータかどうかを確かめる必要があります。また、**事実** (fact) なのか、個人の**意見** (opinion) なのかも峻別しなければなりません。

　「情報過多」"information overload" と言って、情報がありすぎると整理がつかず、本来必要なデータも埋没してしまいます。よって、なにが必要とされるデータかを整理し、それを常に注視して、適切に管理する必要があるのです。

13. 1.　**大学ポートレート**

　国主導で大学の主要なデータを多くのひとが閲覧できるよう構築されたサイトがあります。それが「**大学ポートレート**」です。国立大学版と私学版があります。

　私は、ある大学で講演などを依頼されたときには、このサイトを利用して、その大学の実態を調べています。学生動向、定員の充足率の年度推移なども含めて、必要なデータが揃っていますので、講演をするときの参考になります。

　ただし、大学ポートレートは、本来の目的のひとつであった高校生の大学選びにはあまり使われていないようです。必要なデータが乗っていなかったり、なじみのない用語が頻出するとの指摘もあります。

　一方で、多くの大学はウェブサイトでも、大学の情報について積極的に公開するようになっています。これも参考になります。20 年前は、情報公開の必要性が叫ばれていても、都合の悪い情報を隠す大学が多かったからです。いまは隔世の感があります。ただし、高校生からは、大学のサイトでは、自分の大学に都合のよいことしか書いていないという指摘もあるようです。

　一方、このように誰でもが手に入る情報だけでなく、大学として戦略的に集める必要のある情報もあります。それが IR (Institutional Research) です。適当な日本語訳はなく、日本でもそのまま IR と呼んでいます。

13. 2.　IR とは

　IR とは、「高等教育機関、主に大学において、機関の計画策定、政策形成、そして意思決定をサポートできる情報を提供するために行われる調査研究のこと」です。

　プロセスとしては

情報収集　→　情報分析　→　施策提言　→　施策支援

となります。ただし、大学として IR を何に使いたいのかを明確化したうえで、戦略的な情報収集をすることが鍵になります。

　つまり「何をしたいのか」を明確にしないまま、IR 組織を充実したとしても意味がありません。単に無駄なデータが蓄積されるだけです（ただし、AI の発達で、ビッグデータから、AIが人間の気づかない傾向を発見してくれる可能性はあります）。

　例として、「大学として志願者を増やしたい」という目標のもとに、それを達成するための施策を IR を利用して策定することを考えましょう。

　まず、最初にすることは、情報収集です。過去の推移も含めて、志願者動向を調査します。かつて志願者があったのに、それが止まった高校などのデータも重要です。

　そのうえで、データ分析が必要になります。どうして志願者が減ったのかについて、いろいろな角度から分析するのです。

　もし、「高校教員の評判」が下がっているとしたら、なぜそうなったかを調べます。情報提供が不十分ということならば、対

策は可能です。「この大学では、留学する機会がない」という親からの意見があったら、グローバル化に舵を切ることもできます。これが戦略的 IR です。

　もちろん、IR 部門を新設する余裕などないという大学もあるでしょう。しかし、何かを始めるときに、新たな組織が必要という考えは間違っています[39]。既存の組織で対応すればよいのです。

13. 3.　偏差値

　いま、徐々に大学ランキングが注目を集めはじめています。いろいろな機関がランキングを発表しており、そのたびにマスコミ報道がなされ、各大学もランキング結果を自分のウェブサイトに掲載し、広報にも使っている大学も多くなっています。

13. 3. 1.　大学序列

　ただし、いまのところ、高校生や親にとっては、いまだに**偏差値**[40]が大学を評価する際の重要な目安となっています。これは、高校において進路を指導する先生たちが偏差値を重視していることが背景にあります。

---

[39] 新しい組織を立ち上げ、そこに丸投げするケースも多いですが、うまく機能しないこともあります。
[40] 英語では T-score ですが、日本のように学力の指標に使われることはありません。

なぜなら、難易度の高い大学に何人生徒が合格したかが、高校の評価基準となっており、大学の偏差値が、その指標に使われるからです。

　これだけ、評価の多様性が叫ばれているのに、いまだにひとつの数字に頼っていることは不思議ですが、1 個の数値で評価できるほうが、相対評価が単純で分かりやすいのも事実です。

　たとえば、偏差値が 60 と 40 の大学では優劣は明らかでしょう。また、同じレベルでも、偏差値が 50 と 49 と発表されれば、教員は 50 の大学を推奨します。

　つまり、教育現場の人育成などにおいては、多面的評価が必要と言いながら、大学の評価に使っているのは偏差値という単一指標なのです。一方、指標がたくさんあったら整理がつきません。仕方なく単純で分かりやすい偏差値が重用されるのです。

13.3.2.　F ラン大学―不適切な分類

　一方で、偏差値の低い（とされる）大学にとっては、偏差値が一人歩きするのは、いい迷惑ではないでしょうか。マスコミでも「F ラン大学」という称号が使われ、一覧も公表もされています（ただし、マスコミによって分類が異なります）。

　この名称は、偏差値の順に大学を並べて A, B, C と序列化したときに、F というランクが 2000 年頃にできたのが、きっかけと言われています。そして、この序列に入る大学のことを F ラ

ン大学と呼んでいます。

　ただし、BF つまり、"border free" という呼称もあり、これは、受験すれば全員が合格するレベルという意味です。よって、F には "free" という意味もあります。「自由に入れる大学」という意味合いでしょうか。

　しかし、この括りは不適切ですし、大きな誤解を与えます。さらに F ラン大学の一覧をみましたが、とても納得できるリストではありませんでした。F ラン大学でも、しっかりとした教育をしている大学がありますが、それがまったく反映されていません。さらに、明らかな事実誤認もあります。

13. 3. 3.　偏差値は日本だけの指標

　これだけ重用されている偏差値ですが、その本質について、どれだけのひとが知っているでしょうか。まず、偏差値は「統計学」の用語のひとつですが、統計学ではあまり使われません。

　さらに、海外で「大学の偏差値」と言っても通じませんし、偏差値という英語も存在しません。あえて言えば、大学評価には、世界大学ランキングなどが使われます。そして、このランキングは、いろいろな指標を総合的に評価したものです。

　それでは、そもそも偏差値の定義とは、いったいなんでしょうか。それは

$$偏差値 = 50 + (生徒の点数 - 平均点) \times 10 / 標準偏差$$

となります。このように、ある試験を受けた生徒の点数が平均点からどれだけ離れているかの指標となっています。

　そして、生徒の点数が平均点と同じときの偏差値が 50 となります。**標準偏差** (standard deviation) は統計学で頻出する用語であり、点数分布の拡がり具合を示します。100 点満点の試験で、標準偏差が 10 点と 30 点のとき、前者では平均点近くに点数が分布していることを、後者ではバラツキがかなり大きいことを示しています。標準偏差で割っているのは、バラツキの違いを修正しているのです。

　しかし、これでは、肝心の大学の偏差値には行きつきません。いったい、どうやって計算しているのでしょうか。

13.3.4. 大学の偏差値

　実は、大学の偏差値を計算しているのは、正式な公的機関ではなく大手の予備校なのです。これらの予備校では、全国規模の一斉模擬試験を実施しています。この時、各生徒の偏差値が計算できます。

　たとえば、偏差値が 55 の生徒が 100 人、ある大学を受験して、50 人受かったとします。すると、偏差値 55 の生徒の合格可能性は 50% となります。このラインを大学の偏差値としており、55 となります。

　ただし、ここで仕掛けがあります。いま、入学定員が 100 人

としましょう。このうち、90 人を推薦入試で受け入れたとします。すると、一般入試の枠は 10 人となります。当然、合格枠が減りますので、みかけの偏差値は上がることになります。しかし、90 人は推薦ですので、大学の本来の偏差値とは異なった値になります。このような側面を理解しておくことも大事です。

13. 4.　大学ランキング

　一方、海外では THE (Times Higher Education) や QS など、いろいろな機関が世界大学ランキングを発表しています。機関によって評価指標が異なっており、点数も重みが異なりますので、結果は一律ではありませんが、トップレベルの大学の顔ぶれは、ランキングの種類に関係なくほぼ同じです（もちろん順位に変動はありますが）。

　また、偏差値のような点数ではなく、ランキング順位が指標となります。そのほうが分かりやすいからです（ただし、評価項目の点数や順位も分かりますので自大学の弱点が分かります）。

　ここで、日本の大学にとって注目すべきは、THE の世界大学ランキング日本版でしょう。世界大学ランキングでは、グローバルの配点がネックとなって、日本の大学は苦戦していますが、日本の大学に留学したいという希望者は増えています。そこで THE はベネッセと協働で、日本の大学に特化したランキングを

平成 29 (2017) 年より発表することにしました。「教育リソース」「教育充実度」「教育成果」「国際性」を評価しており、それぞれの項目で、さらに細分化した基準があり、それぞれに、重みつきで点数がつけられています。

　自大学の点数が分かるため、どこが優れているのか、また、どこを改革すべきかの参考になります。また、注目すべきは、地方の小大学であっても、ランキングで健闘しているところもあることです。高校生や教員には、この辺を見てほしいところです。さらに、発表されている「大学偏差値」とは、必ずしも対応関係にないことも分かるので、興味深いでしょう。

　高校では、探究学習が勧められ、テーマに困っていると聞きました。「大学ポートレート」「大学偏差値」「大学ランキング」の分析をすれば、身近で高校生のためにもなるのではないでしょうか。ぜひ、高校における探究学習のテーマとして取りあげて欲しいものです。

13. 5.　SWOT 分析

　自大学を分析する際にお勧めしたいのが SWOT 分析です。SWOT とは、"strength"「強み」、"weakness"「弱み」、"opportunity"「機会」、"threat"「脅威」のことです。自分の所属する組織のどこが強いのか、どこが弱いのか、そして外部環境でなにが脅威であり、なにがチャンスとなるかを分析することです。

　これを教員と職員が合同で行うことが重要です。おそらく、それぞれの立場によって見方が違うはずです。また、同じ事項であっても、強みと主張するひとと、弱みと主張するひとに分かれることもあります。

　いずれ、虚心坦懐に、自大学を分析することで、それまで漠然としていたものが明確になる場合もあります。多くの教職員が弱点と考えている項目があるならば、それを取り除くことを考えればよいのです。また、強みと捉えている部分があるならば、それを伸ばすとともに、広報にも使えます。いずれ、SWOT分析によって、大学として、どの方向に進むべきかの指針が得られます。

第14章　私立大学等改革総合支援事業

「学長、言われたように私立大学〇〇事業をチェックしました」
「どうだった」
「専門用語と横文字が多くて意味がわかりませんでした」
「そうか、しようがないね。もともとうちが補助金をもらえる可能性はゼロだからね」

　自分の大学の教育・研究は、他大学に比べてどうかということを見たい時に、参考になる事業があります。それは、私立大学等改革総合支援事業です。

　この事業は、平成 25 (2013) 年に私学助成の「メリハリある配分」を強化するために設けられたものです。改革を推進する大学を支援するという基本方針の反映です。

　事業開始当初は、選定されるのはタイプ 1 の「大学教育質転換型」が 250 大学、タイプ 2 の「地域特色型」が 150 大学、タイプ 3 の「多様な連携型」が 100 大学程度でした。対象となる私学は短大や高専も含めると総数が 920 程度です。採択は、簡単ではありませんが、挑戦のしがいはあります。

　また、この事業には、それまでにない大きな特徴がありました。通常の競争的資金の場合、事業の目的に沿って申請書を作成し、それを審査員が評価して書面審査ならびに面接審査を経て採択を決定します。しかし、この事業では、それぞれのタイプごとに、項目が設定され、ルーブリックにしたがった点数が付されています。条件をすべて満たしていれば満点が得られます。そして、総合点で大学の順位がつけられ、その上位大学が採択されるという仕組みです。

　この方式は画期的です。まず、通常の選定では、審査員の個人差が結果に影響を与えます。しかも、事業の目的を理解していない審査員も散見されます。審査員も忙しいので、すべてに目を通すことはできないからです。科研費などの競争的資金の審査においてもレビューアの質の問題は常に指摘されています。

　一方、ルーブリックによる点数方式ならば、申請大学は、自分たちの点数が分かります。採否の点数が公開されますので、どこを改善すれば、次年度に採択されるかが分かるのです。結果として、PDCA (plan-do-check-act) サイクル展開が可能となり、大学改革にも利用できます。

　さらに、採択された場合の補助金の使い道が限定されないことも、この事業の魅力です。通常の事業では、予算の使用が限定されます。どこまでの範囲で使用可能かも、担当者によって考えが変わることがあります。使い道の自由な補助金は、大学

にとってはありがたいのです。

14.1.　ルーブリックの具体例

それでは、どのようなルーブリックになっているのでしょうか。平成 28 (2016) 年に実施されたタイプ 1 の教育の質転換における設問を紹介します。

---

②　シラバスの作成要領等により、以下の内容をシラバスに明記することを全教員に求めていますか

　ア　準備学修（予習・復習等）の具体的な内容及びそれに必要な時間

　イ　授業における学修の到達目標及び成績評価の方法・基準

　ウ　卒業認定・学位授与の方針と当該科目の関連

　エ　課題（試験やレポート等）に対するフィードバックを行うこと

1　全て求めている　　　5 点

2　3 つ求めている　　　3 点

3　上記以外　　　　　　0 点

要件　　シラバスの作成要領等にアからエを明記することを全教員に求めている記述が根拠資料としてあるか。全教員とは専任・非専任を問わない。

応募する大学は、「全て求めている」の 5 点を目指すことになります。満点の 5 をとるためには、全学部に対し、上記の条件

を満足するようにお願いしなければなりませんので、なかなか
ハードルが高いです。そこで、教職員に、このルーブリックを
示して、改革を促すことになります。これが PDCA
(plan-do-check-act) 展開になります。

　さらに、別の設問も紹介します。これは、シラバスチェック
に関する内容です。

---

⑥　担当教員以外の第三者が、シラバスの記載内容が適正であるかと
　いう観点からチェックしているか

　1　全学部等・研究科かつ全学年で実施している　　　　5 点

　2　一部の学部研究科または学年のみで実施している　　3 点

　3　実施していない　　　　　　　　　　　　　　　　　0 点

要件　　平成 28 年度（2016 年）に使用するシラバスについて実施して
いること。「チェック」とは、単なる編集上のチェック（必要事項の記
載の有無のみ等）では該当しない。

　当該学部及び研究科のカリキュラム方針に基づき、組織として命じ
られた者が行なうチェックであり、記載内容の改善等を担当教員へ要
望することまでを要する。

　本書でも紹介してきましたが、シラバスはとても大切です。
教員から学生への約束となるからです。それが曖昧だったり、
不明確では、意味がありません。

ある大学で、シラバスチェックを職員に依頼したところ、教員以外のものが教育に口を出すのは許せないとの意見も出たそうです。ただし、第三者の意見を聞いて是正するのは当たり前という（まっとうな）意見が大勢を占めたと聞きます。賢明です。教員だけではチェックしきれないのは当たり前です。

14.2.　自大学のチェックに利用する

　私立大学等改革総合支援事業は、全私立大学、短大、高専が参加可能です。全部で900校に上ります。タイプが4つありますが、基本のタイプ I の「特色ある教育」に参加しているのは、令和元 (2019) 年には583校、令和2 (2020) 年には556校です。おそらく、自分の大学では、採択の見込みはないので、無駄なことはしないという大学もあるでしょう。あるいは、この事業の存在そのものを知らない場合もあるかもしれません。

　いま、経営に苦しんでいる大学があるとしたら、すぐにこの事業に参加し、自大学の立ち位置を明らかにすることをお勧めします。しかも、担当者だけに任せるのではなく、多くの教職員が参加して行う必要があります。

　なぜなら、この事業で取り上げられている項目は、大学改革に必要な内容となっているからです。たとえば、タイプ I である「1. 教育の質向上」において 2019 年に調査対象となっている項目は以下となります。

1　IR 情報を活用した教育課程の検証

2　IR 機能の強化

3　卒業時アンケート調査

4　アクティブラーニング型科目の開講

5　情報リテラシー教育

6　ICT 活用

7　GPA の活用

8　成績状況と CAP 制の連動

9　ティーチングポートフォリオの導入と活用

10　教育サポートスタッフの研修

11　学修成果等の可視化

12　学修成果に関する産業界との協議体制

　この他、「1. 教育の質向上」に続く中分類として「2. 高大接続」「3. データ活用による教育展開とデータ活用人材の育成」「4. 多様な教育体制と社会との連携」などが続きます。

　大学経営を立て直す基本は、原点に戻って大学教育の質保証をすることです。具体的に何をすべきかは、この支援事業のなかに示されています。

14. 3.　支援事業の課題

　私立大学等改革総合支援事業では、ルーブリックと要求事項を明確化するなど画期的な評価手法を導入しています。また、

設定されている要求事項も、大学として推進すべき事項となっていますので、この事業をうまく利用すれば大学改革を進めることもできます。

　ただし、問題もあるのです。それは、毎年のようにタイプや設問内容が変わっていくことです。評価基準がいきなり厳しくなっていることもありました。これでは、PDCA サイクル展開ができません。今年、要求を満たしていない点を、次年度には是正しようと努力しても、基準が変わったのでは無意味となってしまいます。これは、多くの大学が戸惑った点であるようです。毎年の見直しは、ある程度必要ですが、それが大幅に変化したのでは、大学としての対応ができなくなります。

　数多くの国主導のプロジェクトに関わった経験からすると、文科省の対応も分からないではありません。大型予算は、財務省から厳しく査定されます。前年度と変わらない内容では減額されてしまうからです。これだけ多くの大学が採択される事業は、ばらまきではないかと、財務省からは指摘されるようです。しかし、対象は私立の大学、短大あわせて 900 もあるのです。決して、ばらまきではありませんし、大学改革を促す効果のある事業です。一方、政治家からも横やりが入ります。いわく、自分の選挙区の大学が一校も採択されていないのはけしからんというお叱りです。国の予算は本当に大変です。

　私は、文科省の予算申請は、大変だろうなと思います。経産

省なら企業がメインですし、農水省ならば農業や水産業が対象
です。官僚のみなさんは企業経験もないし、農業経験もないで
しょう。ところが、こと教育に関しては、全員が経験者なので
す。しかも、ひとによって経験は大きく異なります。入試で失
敗した経験があればなおさらです。つい、みんなが口を出した
くなるのです。

　本質的には、私立大学等改革総合支援事業の在り方や意義は
十分あります。また、貴重な国の予算でもあります。多くの大
学がこの事業を利用して、本来の大学改革を進められるように
なることを祈っています。

第15章　事務職員の役割

「最近、あの大学は勢いがあるね。外部の競争的資金もどんどん獲得してるようだし」
「どうやら大学改革を事務職員が主導するようになったらしいんだ」
「そういうことか」

　私立大学の経営を考えるとき、事務職員が果たす役割はとても大きくなっています。大学の重要な使命である「教育と研究」に関しても、その担い手は教員であるという考えもありますが、組織的に運営し、大学全体としてのポテンシャルを高めるためには、事務職員のサポートは欠かせません。

　さらに、事務職員との協働関係がなければ、質保証を伴った「教育、研究」を教員は遂行することができません。このため、教員と職員が一緒になって大学を動かすという教職協働が重要な鍵を握っているのです。

　大学経営が厳しい大学では、ワンマン体制であったり、組織としての体をなしていないなどの問題もありますが、事務職員の力を十分引き出せていないところも多いと思います。

　また、歴史と伝統のある大学においては、いまだに、教員が
上で、職員は下働き程度にしか思っていないところがあります。
そのままの体制では大学は衰退していくものと思われます。た
だし、大学は軌道修正することも可能です。理事会が、この点
を理解し、教職の協働関係を構築すれば、いっきに変わること
もできます。

15.1.　教育研究への関与

　いままで紹介してきたように、大学の教育と研究は個人が単
独で行うものではありません。もちろん、研究に関しては、「研
究テーマ」の選定や、「研究方法」ならびに「研究成果」などは、
個人の資質は重要です。しかし、研究環境は教員ひとりだけで
整備できるものではありません。

　研究予算をどう獲得するか、研究スペースはどう手当てする
のか、研究設備の導入をどうするのか、また、研究成果の発表
をどうするのかなど、まわりの協力がないと進められないこと
も多いのです。

　さらに、大学には、教員が「研究によって自らを研く」とい
う側面とともに、「研究を通して、学生を育成する」という重要
な側面があります。この育成の部分は、教員の恣意で勝手に進
めてよいものではありません。

「卒業研究」指導にしても、大学院教育にしても、質保証のための組織的な取り組みが必要になるのです。

15. 2.　事務職員の位置づけ

15. 2. 1.　大学設置基準

昭和 31 (1956) 年に制定された大学設置基準では第 42 条で「大学は、その事務を処理するため、専任の職員を置く適当な事務組織を設けるものとする。」と事務組織を規定しています。

つまり、事務職員は事務を「処理する」だけで良かったのです。いまでは、考えられない時代認識です。

ところが、平成 22 (2010) 年に事務組織の基準に第 42 条の 2 として、「社会的及び職業的自立を図るために必要な能力を培うための体制の整備」が追加されました。

これは、学生の資質能力に対する社会からの要請や、学生の多様化に伴う卒業後の職業生活等への移行支援の必要性等が高まったための措置です。大学内の組織間の有機的な連携が必要とされ、教員と事務職員の協働も必要となったのです。

しかし、これでは、まだまだ不十分です。「教育、研究」に関しては、その直接の実施者としては教員が中心となるべきですが、組織的な質保証体制を担保するためには、事務組織のサポートが不可欠となります。

そのうえで、大学運営に関しては、事務職員が中心になるべ

きと考えています。教員が、教育研究の片手間でこなせる仕事
ではありません。

15.2.2.　教職協働の明確化

　令和 4 (2022) 年 10 月に大学設置基準の改正が行われました。
その柱のひとつが教職協働となっています。現在、別々に規定
されている教員と事務職員、およびそれぞれの組織に関する規
定を一体的に再整理し、教員と事務職員からなる教育研究実施
組織を設けるというものです。

　背景には教員が事務職員を十分に尊重しなかったり、事務職
員が教育は自らの業務ではないとして授業に関わろうとしない
という意識の問題があります。今回の改正を機に、大学の教育
研究を教職が協働して、ともに担うというあり方を明確化する
ものです。

　ただし、わざわざ規定しなくとも、すでに実質的な教職協働
が進んでいる大学が多いのも事実です。そして、そのような大
学では、大学改革がうまく進んでいます。

15.3.　事務組織のミッション

　かつては、事務職員の仕事はなにかと問われれば、「経費削減」
という答えが返ってきたそうです。同じ事務仕事をするのにか

かる経費を節約する。それがメインというのです。確かに重要
な仕事ですが、これで大学は発展するでしょうか。

15.3.1.　高度な専門性

　これからの私立大学の経営には、高度な専門性を有する事務
職員が必要と言われています。大学における専門性とはなんで
しょうか。狭義で言えば、「財政のプロ」「人事のプロ」「入試の
プロ」「就職支援のプロ」など、数多くの組織の専門性が考えら
れます。

　アメリカ型のジョブ型雇用を推奨する企業もあります。経団
連が、日本のメンバーシップ型雇用では企業が今後成り立たな
いとして、ジョブ型雇用を提唱したことでも注目を集めました。
これは、本人のスキルを買って雇用するもので、職務も明確で
す。確かに良い制度のように聞こえますが、どうでしょうか。

　ある優秀な大学院生が、アメリカの IT 企業に初任給 3000 万
円で雇用されたというニュースが日本でも報道されました。彼
は、類まれなプログラミング技術を買われ高給で迎えられたの
です。まさに、ジョブ型雇用であり、日本の年功序列制度は世
界では通用しないとも言われました。

　しかし、その後、彼がどうなったかは報道されません。5 年
でクビになり、IT 技術者として独立しました。いわゆるフリー
ランスですが、年収も激減したようです。若くて優秀な技術者

はいくらでもいます。これらのライバルに勝てないパフォーマンスでは、すぐに解雇されてしまうのです。この現実を認識すべきではないでしょうか。

アメリカの企業において、最近、注目されているものに、**リスキリング** (reskilling) や**アップスキリング** (upskilling) があります。これは、社内の人材のスキルを向上して活用しようとするものであり、ジョブ型雇用では限界があることを意味しています。

実は、会社での教育は日本ではごく普通に行われてきたものです。また、大学職員にとっても、大学という教育・研究を推進する組織のなかで学ぶことは多いのではないでしょうか。そして、自大学の教育・研究を高度化するためには、何をすべきかという基本を大切にしながら、いろいろな施策を提案し、実行できる能力が求められます。

15. 3. 2.　アドミニストレータ

したがって、大学の職員に求められるのは、狭い範囲の専門性ではありません。学生を考えれば分かります。彼らが求めているのは、大学として入学から卒業までの 4 年間一貫したサービスや対応であり、専門部署は関係ありません。

財務や人事は、専門的であるべきという指摘もありますが、これも違います。大学の使命は「教育と研究」です。そして、

大学の価値は、よい教育を施すとともに、すぐれた研究を通して教員と職員と学生がともに成長することにあります。これができていれば、大学は評価され、経営も安定するのです。

とすれば、財務も人事も大学の「教育・研究」をいかに高めていくか」という視点に立って業務を行われなければなりません。教育・研究充実のための予算という視点、教育力・研究力を高めるための教員人事、職員人事という視点が必要です。

施設・設備にあっても、この視点は欠かせません。単に、見栄えのする豪奢な建物をたてるという観点では、道をあやまることになります。教育・研究の充実にかけるべき金が、無駄な施設整備やメインテナンスに消えていくことになるからです。

さらに、今後は DX 対応の環境整備が重要になります。DX は教育手法を大きく変革するとともに、工夫によって、教育・研究のレベルを上げながら、そのコスト低減にもつながるという側面を持っているからです。

15.4.　大学経営

多くの教員は、自分の授業や、研究室の運営、学会発表や論文発表など、本来の教育・研究業務で忙しいです。このため、大学経営には、あまり関心がありません。ただし、それはそれでいいのです。教員は、教育と研究に専念する。これが大学の基本です。

　ただし、だからと言って、自分勝手な講義をしてよいという
わけではありません。大学としての人材育成目標や、学部学科
の学修目標を常に意識して、自分の受け持つ講義で、どのよう
な能力を育成するのかを明確化する必要があります。それがカ
リキュラムポリシー (CP) であり、シラバスへの具体的かつ詳
細な記述も必要となるのです。

　つまり、教育に関しては組織的なマネジメントが必要となり
ます。そして、組織的対応には、事務職員による主導が重要と
なります。ただし、そのためには、大局的な視野に立ち、大学
の「教育・研究」をよくするためには、何をすべきかという視
点に立った施策を提案できる能力が事務職員には求められます。

15. 5.　事務職員よ大志を抱け

　時代とともに、大学は変わります。しかし、その中心である
「教育研究を通して人を育てる」という使命は変わりません。
そして、この「人」には、学生だけでなく、教員と職員も入り
ます。つまり、大学運営を通して、教員も職員も成長するとい
う意味です。

　それでは、職員が成長するには、どうしたらよいのでしょう
か。ひとつは OJT (On the Job Training) があります。実際の職場
で上司や先輩から仕事を教わることです。ただし、目の前の仕
事をこなすことも重要ですが、大学職員の場合に、大局的な視

野にたって大学はどうあるべきか、どういう方向に進むべきか
という展望を持つことも重要です。

　そのためには、Off-JT (Off the Job Training) も必要となります。
外部の講師を招いて講習会を開くことも勉強のひとつです。ま
た、一般社団法人大学行政管理学会のように大学職員を中心と
した学会もあり、学会誌も発行されています。このような学会
に参加し、人的交流を通して学ぶことも大切です。さらに、大
学基準協会は、「大学職員論叢」という雑誌を発行しており、そ
れを参考にすることもできます。事務職員にとっての学びの場
はいろいろと用意されているのです。

　いまでは、大学の修士課程や博士課程として大学マネジメン
トを学べる大学院も存在します[41]。コストはかかりますが、体
系的な学修をしたい職員にはお勧めです。むしろ、大学として
は、このような学びの場に職員を積極的に送り込むことも必要
です。人への投資が明日の大学をつくる糧だからです。

　そして、事務職員は、いろいろな機会を利用し、なにより外
部の人とのネットワークを築くことも大切です。自分の大学に
閉じこもっていては、大局的な視野は養われません。

　いま多くの大学は優秀な事務職員を必要としています。もち
ろん、いまだに、その重要性に気づいていない大学もあります。

---

[41] 東京大学、桜美林大学、名古屋大学、広島大学などに設置されてい
ます。

今後は、優秀な職員の争奪戦が始まるかもしれません。ある大学の職員から、大学の将来が暗いと相談を受けました。私の答えは「人間至るところ青山あり」です。そして、自分を研いていれば、自分の才能を活かす場も必ず見つかります。

閑話休題

　ある大学の教育 GP を審査していた時です。プレゼンテーションとヒアリングが終わって、最後に、事業責任者とされる教員が挨拶をしました。

「わたしは、いまどき、教育の質保証をしている大学などないと思います。」

と、いきなり、持論を展開しだしました。

「学修成果にしても、短期間で測れるものではありません。卒業後、10 年、20 年たって、本人が社会でどれだけ活躍しているかを見なければわかりません。」

　参加者一同唖然としました。

　事務職員が苦労してつくった事業プログラムの提案が一瞬にして瓦解する瞬間でした。

第16章　施設マネジメント

「理事長、大変です。電気代が去年の2倍になりそうです」

「電力自由化で安くなったはずだろう」

「それが電力不足で、契約先が調達できず、電気代が逆に上がってしまったようなのです」

　大学にとって施設・設備はとても重要です。特に私立大学では豪奢なキャンパスを売りにして学生を集めるという側面がありました。

　ただし、その維持費に巨額のお金がかかるため、頭の痛いところもあります。**施設マネジメント** (facility management) を間違えれば、大学の経営がいっきに悪化することも考えられます。最近の世界的なエネルギー危機から、光熱水費の高騰は避けられません。大学にとって教育研究に必要のない過剰な設備は、それだけで運営コストを引き上げます。このため、施設マネジメントは、ひとつ間違えれば、大学経営をいっきに後退させます。そこで、ひとつの章として独立して取り扱うことにしました。

もともと大学を設置するためには、運動場や体育館などを含めた広大なスペースと教室を備えたキャンパスが必要でした。これには、莫大な初期投資が必要ですので、簡単に大学をつくることはできません。一方、大学では固定資産税や取得税が免除されています。

　私立大学の学生募集を考えると、きれいな外観の校舎や、おしゃれなレストランなどを備えるほうが有利です。一方、税金も免除されるならばと、施設・設備にお金をかける傾向にあります。しかし、華美な施設は、維持費もそれだけかかり、光熱水費なども含めると、大学としてかなりの出費が強いられるのです。

　いま、国連の**持続可能な開発目標** (SDGs：sustainable development goals) が注目を集めるなか、いかにエネルギー消費を抑え、環境にやさしい施設運営を行うかも重要視されています。

　さらに、施設マネジメントは、大学の教育研究を充実させ、しかも、不要な出費を抑えるという観点からも、重要な戦略の一環として捉えるべきです。

　ここで重要なのは、設備・施設は、「教育・研究」の高度化という観点から整備すべきという基本です。そして、そこには、「グローバル」「多様性」そして、DX 推進のための「ICT 環境の整備と充実」という視点も必要となります。

16.1.　教室をどうするか

　新学期の大学を訪れると、多くの教室が学生であふれかえっています。講義数が多いため、教室はすべて授業で埋まっています。しかし、夏休み近くになると、教室はがらがらです。大人数を収容できる教室も学生は数えるほどしかいません。

　教室の数は、ある曜日のある時限で、もっとも講義数の多い時間帯に合わせて用意しなければなりません。月曜日の 1 限が50 科目しかなくとも、火曜日の 3 限が 250 科目開講とすれば、250 の教室が必要となります。しかも、収容定員の調整もあり担当者は調整に追われます。必要とされる教育コストもかなりのものとなります。

　すでに紹介したように、大学を卒業するには 124 単位、つまり 62 科目の履修で十分です。しかし、実際には、これをはるかに超える科目数が提供されています。DP を基本とした学修目標を明確化し、それに即したカリキュラム編成をしていれば、このような問題は起きません。また、シラバスを整備し、密度の濃い講義をしていれば、教員ひとりが担当できる講義数も限定されるはずです。

　つまり、いまある科目数を賄うために教室数を確保するのではなく、教育の質保証という観点から DP、CP を見直し、学修時間の確保をしたうえで見直しをすれば、教室不足という声を聞かなくなるはずです。

16.2. ラーニングコモンズ
—大学キャンパスはどこでも学びの場

　一方で、教育方法が教室における一方通行の授業から、教員と学生がやりとりできる双方向型のアクティブラーニングへと変化するなかで、教室のあり方そのものも変わる必要があります。

　当然ながら、ICT 環境が整っていることは当たり前です。授業によっては 5G 環境[42]が必要になることもあります。さらに、机や椅子が固定されたものではなく、授業形態や生徒の数によっても自由に変えられる仕様が望ましいでしょう。

　そして、授業がない場合にも、学生が自由に出入りし、オンライン学修に利用できるラーニングコモンズとしての機能も付与することが大事です。

16.3. グローバルへの対応

　大学にとってグローバル化はとても大切です。留学生が居るキャンパスは、高校生にとって魅力的です。留学生との交流は、世界の広さを実感するきっかけになりますし、なにより**多様性の理解** (appreciation of diversity) につながります。

---

[42] 英語の 5th generation つまり第 5 世代移動通信システムの略です。1 時間の動画が 10 秒程度でダウンロードできます。

　可能であれば、留学生と日本人学生が交流できる**グローバル
ラーニングコモンズ** (global learning commons：GLC) を用意す
ることも必要です。机と教壇しかない教室を改造することも一
案です。学生サークルのような自主的な活動があれば好ましい
ですが、場合によっては、大学側が積極的に学内国際交流のき
っかけづくりをすることも必要でしょう。

　GLC は外国語の授業やアクティブラーニングにも利用でき
ますし、異文化体験の場としても活用できます。

　留学生が増えれば、当然宗教に対する配慮も必要になります。
日本人学生にとっても、世界を知るという観点では、宗教問題
は重要です。特に、日本は海外と比較すると、それほど宗教に
厳格ではありません。神道と仏教の儀式が混在しても気にしま
せん。しかし、世界では、キリスト教においても、カトリック
とプロテスタントの宗派の違いがあり、イスラム教や、ユダヤ
教など、信徒は宗教の厳しい戒律に従っています。

　イスラム教のラマダンや礼拝に驚く日本人学生が居ますが、
それを身近で見れば理解も進みます。つまり、宗教も多様性の
一環とみなし、それを尊重することが大切なのです。

16.4.　研究スペースをどうするか

　大学にとって研究は重要です。しかし、従来の大学のやり方
を見ていると、必ずしも戦略的に研究スペースの配置がなされ

てきたわけではありません。

　たとえば、早い者勝ちで、自分の大型機器を導入した教員が
居座るということもあります。このため、最近ではスペースに
課金するという制度を導入する大学も増えてきました。

　まず、大学としては、教員も学生も使える共通の研究スペー
スを用意する必要があります。また、実験機器に関しても、多
くのひとが自由に使えることが原則です。そして、それらの機
器を設置するための共通機器センターの整備も必要です。また、
大学予算で機器購入をする場合には、できるだけ多くのひとが
利用できるということを条件にしなければなりません。

　さらに、外部の研究資金を獲得した教員用のスペースも考え
る必要があります。ただし、これを固定としたのでは、後々問
題が生じます。そのため、レンタルスペースとし、時限を明記
する必要もあります。

16.5.　指針の策定

　大学にとって、施設や設備に関わる不要な支出は、大学の経
営を圧迫する要因になります。さらに、世界的なエネルギー危
機の中で、資材の高騰は、施設管理費ならびに維持費の高負担
を招きます。今後は、その費用がかなり拡大することを覚悟し
なければなりません。となれば、教育・研究に直接関係のない
施設や設備は思い切って整理するなどの施策も必要となります。

　そのうえで、施設マネジメントを大学の重要課題と位置づけ、教職員にも現状をよく説明し、施設設備の有効利用、省エネルギー対策などの中長期的展望を示すことも重要となるでしょう。その際には、積極的な情報公開も必要です。いま、どの建物に、どれだけの光熱費や維持費がかかっているのか、なぜ、それだけの費用が必要かを表に出すのです。現状が分かれば、いろいろな知恵が出ます。

　教員には、いろいろな角度から省エネルギーに取り組んでいる専門家も居ます。また、学生にとっても、自分たちが暮らすキャンパスのエネルギー消費は大いに興味のあるところでしょう。そして、教職員や学生からアイデアを募集し、それを実行に移すことも必要です。まさに、施設マネジメントは、研究テーマになりうるのです。

第17章　コロナと大学改革

「オンライン授業はすごいね」

「どうしたんですか」

「1限なのに出席率が 100% なんだ」

「それは良かったですね」

「良くないよ。これだけの人数に教えた経験がないんだ」

　令和 2 (2020) 年に始まった新型コロナ感染症の蔓延は、世界に大きな影響を与えました。大学にとっても、キャンパスに学生を集めることができない事態となりました。

　これを受け、文科省も卒業要件の 124 単位のうち、60 単位だった**遠隔授業** (distant learning) の上限を事実上撤廃しました。この通達により、各大学はオンラインでの講義を開始したのです。

　ここで注目すべきは、文科省はコロナ以前に 60 単位を対面授業以外で取得することを、すでに認めていたという事実です。大学設置基準では「多様なメディアを高度に利用して、授業を

行う教室等以外の場所で履修させることができる」と記載され
ています。

　実は、海外においては、学生の主体的学びを促す策として、
対面とオンラインを融合した授業が推奨されていたのです。こ
の点において、日本は世界に遅れていたということになります。
コロナ禍は、この点を気づかせてくれるきっかけともなりまし
た。

　しかし、遠隔事業の経験のない大学がほとんどであったため、
ご存知のように、現場は大混乱を極めました。オンライン授業
にうまく対応できない大学も多く、プリントを配るだけの授業
などとマスコミにも叩かれ、学生や親からは学費の返還を要求
する声も聞かれました。

17.1.　オンライン授業

17.1.1.　ハードウェアの整備

　オンライン授業を行うためには、パソコン (PC : personal
computer) を含めた通信のためのハード面の整備が必要となり
ます。自宅やアパートにインターネット環境が整っていない学
生も居ます。教員は、大学に来てもらい講義を配信することが
できますが、通勤を拒否するひとも居ます。

　これらの諸課題にいかに対応するかが大きな問題となりまし
た。結果として、多くの大学では、苦労しながらも、うまく講

義のオンライン化に対応していたと思います。これは、教職員も学生も危機的な状況であることを理解し、互いに協力したことが背景にあります。

　大学によっては、大量の PC を購入し、学生に無償で貸与するところもありました（このため、PC の在庫がなくなり、対応の遅れた大学では、PC の購入ができなかったと聞きます）。

17. 1. 2. ソフトウェアの整備

　オンライン授業のためには通信ソフトが必要になります。それも大量の利用者を対象にすることから、Web 会議ツールである Zoom, Webex, MS Teams などが利用され、大学は教職員と学生が使用するためのライセンス料を払って、整備する必要に迫られました。

　ただし、ある幸運にも恵まれました。実は、新学期が始まる前の 2 月、3 月は学会シーズンです。対面発表ができない学会が、オンラインに移行し、Web 会議ツールを利用してくれていたのです。学会には多くの教員が参加しています。つまり、大学での本格利用の前に、オンライン配信を経験した教員も多かったのです。これは、その後の大きな助けになりました。

　一方、オンライン授業の質に関しては、大学間で大きな差が出ました。特に、学修管理システム (LMS : learning management system) を導入して教育の DX 化を進めていた大学と、そうでない大学では対応が大きく異なりました。

　LMS は、もともと e ラーニング (electric learning) と呼ばれる ICT 技術を用いて行う遠隔学修のコントロールタワーであり、オンライン授業でも威力を発揮します。教員は、LMS に教材や講義動画をアップできます。学生は、それにアクセスすれば、オンデマンドで講義を受講できます。もちろんリアルタイムの講義配信も可能です。さらに、学生の出欠や学修過程も記録できますし、小テストや期末試験を LMS を利用して実施し採点も行うこともでき、学生も成績を確認できます。これがワンストップでできることが LMS の利点です。

17. 1. 3.　通信制大学

　オンライン授業が行われた際、引き合いに出されたのが通信制大学です。キャンパスで対面授業が実施されないのであれば、学費を通信制大学程度に抑えるべきという議論もありました。確かに、通信制大学では一般に学費はかなり安いのも事実です。

　ただし、教育は主として「印刷教材を用いた自主学習」[43] で行われており、授業を教員がリアルタイムでオンライン配信しているわけではありません。また、卒業要件として 30 単位のス

---

[43] 放送大学では、これに替わってテレビ放送を利用した動画の配信がメインとなっています。さらに、インターネット、オンデマンド視聴、ラジオなど多様なメディアを利用しています。

クーリング (schooling)、つまり、教室で、学生が教員と対面で行う授業が必要とされています (ただし、「メディアを利用する授業」も認められているため、通学しないで全単位を取得することが可能となっています[44])。

つまり、オンライン授業が、通信制と同じものという考えは間違いです。もともと、通信制大学は、大学設置基準ではなく、大学通信教育設置基準で規制されています。また、通信制においては、モチベーションを維持するのも大変です。本人のやる気がなければ挫折してしまうでしょう。

17.1.4. 講義の質保証

もともと文科省は 60 単位をオンライン授業で単位取得が可能としていました。それは、メディア等を利用して、単なる一方通行の授業ではなく、より教育効果の高い講義の実施を促すためでした。また、キャンパスが地理的に離れている場合でも、遠隔授業が可能となれば、教員にも学生にもメリットがあります。

しかし、日本ではオンライン授業は、なかなか浸透しませんでした。ひとつの理由は、「講義の途中でトラブルが起きて配信ができなかったとき誰が責任をとるのか」と教授会で指摘され

---

[44] 八州学園大学とサイバー大学が全講義をオンラインで配信しています。

たためです。そう言われれば、教員も職員も責任を取りたくありません。まさに、宝の持ち腐れです。

17.2.　主体的な学びを促す授業

　日本に限らず、どの国においても、学生の**主体的学び** (self-directed learning) を促すことは大きな課題です[45]。手間ひまはかかりますが、日本における「卒業研究」や PBL 型学修は、学生が直接関わる "student engagement" の成功例でもあります。

　一方、講義形式の授業において、いかに学修時間（1 単位 45 時間）を確保し、しかも、学生の主体的参加を促すかは、大きな課題となっていました。

　平成 22 (2010) 年頃から、対面授業と、教室外のオンライン学修の組合せが大きな注目を集めるようになりました。そのひとつが**反転授業** (flipped classroom) と呼ばれるものです。事前にオンラインによる準備学修をさせ、教室内では演習やディスカッションを通して、学生の理解を深めるという授業です。いわゆる**ブレンド学修** (blended learning) の一種です。ただし、この方式は教員の技量に大きく依存するとともに、事前学修をしない学生の多い日本では失敗例のほうが目立ちます。

---

[45] アメリカの特殊な成功例(たとえば、ハーバード大学の白熱教室など)が喧伝されていますが、多くの大学において、教員が日々学生指導で苦労しているのは同じなのです。

さらに、オンラインと対面授業を同時に受ける**ハイブリッド学修** (hybrid learning) もあります。このように、コロナ禍で話題になった学習法が、海外では、教育の質保証の一環として、すでに実施されていたのです。これらの授業は、メディアや ICT の活用により、いかに「学生の主体的学び」を促すかという視点に沿った新しい教育展開でもあったのです。

日本は、コロナ禍によって、多くの教員がオンライン授業を経験しました。今こそ、新しい教育へ転換する格好の機会となっています。

残念ながら、文科省（ではなく政治家と思います）は、コロナ後は、もとの対面授業に戻すよう指導しています。このため、多くの大学も、（学生の主体的学びのない）一方通行の講義に戻りつつあります。残念でなりません。

ただし、オンライン講義に対しては、学生も教員も大きな魅力を見出しています。そして、オンラインと対面を融合させたブレンド学修を積極的に推進しようという動きもあります。すでに紹介したように、ブレンド学修は、学生の主体的学修を促す教育手法として有効なのです。この動きを絶やしてはいけません。

17. 3.　国際交流

コロナ禍で大きな影響を受けたのが、人の移動を伴う国際交

流です。国際間の移動が、ほぼストップしました。しかし、そのおかげで新たな国際交流のスタイルが形成されつつあるのも確かです。

17.3.1.　国際会議

　コロナ禍で大きな影響があったのが、国際会議です。人的移動が制限されたことから、多くの国際会議もオンラインで開催されることになりました。少々のトラブルはありましたが、通常の会議でもそんなにスムースには進みません。また、質問がチャット (chat) に入れられるため、大変便利となりました。実は、国際会議の公用語は英語ですが、国の数以上に英語の種類があると言われています。日本人の英語は "Japangrish" と称されます。"l"ではなく"r"となっているのは、日本人が l と r の区別がつけられないからです。国際会議にはいろいろな国のひとが参加します。そこで、アクセントの強い英語で質問されると、多くの日本人は立ち往生します。しかし、"Written English has no accent." です[46]。つまり、書いた英語にはアクセントがありません。誰にでも通じます。ですので、chat に質問を書いてくれれば、質疑の時間も有効に使えますし、議論も活発化します。これは、私も気づかない利点でした。

---

[46] マサチューセッツ工科大学 (MIT) にはネイティブではない教員が多く、米国人学生から講義が聞き取れないと苦情が頻出するそうです。その際、大学側が non-native 教員向けのアドバイスに使った言葉です。

さらに、国際会議にオンサイトで参加するためには、多額の費用がかかります。また、海外に出かける場合には、移動するだけで時間がとられます。一方、オンラインであれば、費用もかかりません。時差の問題はありますが、研究室の学生も気軽に参加することができるのです。

17.3.2.　バーチャル国際交流

　コロナの影響で、多くの留学生が帰国を余儀なくされました。研究室の学生も同様です。このため、留学生の多い研究室では、ゼミや研究発表会をオンラインで実施したと聞いています。たとえば、日本と東南アジア、ヨーロッパを遠隔ソフトでつなぐことで、多国間での技術討論が可能となったのです。時差などの問題はありますが、対面のゼミと変わらない討論ができたようです。

　そして、いまでは、オンラインの国際会議が当たり前のように開催されています。オンラインであれば、海外の開催地まで時間と旅費をかけて出かける必要がありません。また、時間的な拘束も大きく緩和されます。より多くのひとが自由に参加できるようになります。今後は、オンラインによる国際交流が活発化していくことになるでしょう。

　ところで、コロナ以前から、経済的問題で海外との交流に躊躇する学生も居ます。また、長期間にわたって渡航するのも、

多くの学生にとっては困難を伴います。そこで、その解決策として COIL (Collaborative Online International Learning) 型学修が提唱され、文科省も後押ししています。COIL とは、オンラインで国内外の他大学と接続し、授業内外で交流・協働を行う「オンライン国際協働学習」のことです。たとえば、最初だけ対面で交流したのち、オンラインでの共同作業を進めるなどの交流が可能となります。

　コロナ後は、オンラインで十分準備を進め、必要な場合は、対面で交流するというハイブリッド国際交流が主流になると思います。画面を通して議論していた海外の仲間と、対面で交流するときの感激は、ひとしおでしょう。

17. 4.　コロナ後の世界

　コロナ禍は、世界に大きな影響を与えました。もはや、多くのことがコロナ以前に戻ることはありません。一方、コロナ禍は医療体制なども含め、これまで潜在的にあった社会課題を浮き彫りにしています。

　教育分野も例外ではありません。授業料返還の動きも、そのひとつです。単にキャンパスや施設が利用できないということではなく、日本の大学教育が高い授業料に見合うレベルであったのかという根本問題もあぶり出されたのです。

さらに、本来、多くの大学が活用して教育の質を高めるツールであった ICT 技術を、日本の多くの大学が、ほとんど利用していなかったという事も顕在化しました。

　残念ながら、コロナ後は、オンライン講義はやめて、元の対面授業に戻すという矮小化された議論になっています。しかし、「教育の質保証」という視点に立った大学教育の根本的な改革が必要ではないでしょうか。コロナ禍で多くの教員が、オンライン講義やデジタル技術が教育に及ぼすプラスの影響を経験しました。それを今後に活かすことが重要です。

　また、日本の大学教育が、必ずしも組織化されていないことも表に出ました。いまだに、授業は教員個人のものという体質も残っているのです。これでは、学生の満足度も低下してしまいます。大学として教育目標をしっかり明示し、それを実現するための組織的に管理されたカリキュラムを構築したうえで、体系化された教育を実質化することが急務です。

　そして、もうひとつは、「学生の主体的な学びを促し、学修効果を高めるアクティブラーニングの導入」です。そのためのツールとして、ICT 技術や VR や AI を教育研究に取り入れていくことが大学教育には必要となります。

閑話休題

「オンライン講義も工夫すれば、いろいろなことができること
が分かってよかったよ」

「そうだね。授業中でもチャットなどを使って双方向のやり取
りができるのもいいね」

「でも、大学も、来期からは対面にしろと言っているので、も
との授業に戻そうかと思っているんだ」

「それはもったいないね」

「なにしろ、週に 6 コマも教えているから、オンラインでは体
がもたないんだよ」

「　.......　」

第18章 資産運用

「今年の資産運用はどうだった？」

「それが、ことごとく読みがはずれてしまいました」

「それは困ったね」

「でも大丈夫でした。うちは、紙による決済なので申請が下りるまで一月かかります。そのおかげで助かったのです。電子決済なら大損でした」

　私立大学において、資産運用によって大学運営に使える自由なお金を増やそうという試みがあります。日本の場合、学費は前払い制であるため、年度初めに大きな入金があります。それをうまく利用して資産を増やそうというアイデアもありました。

　また、すでに紹介したように、大学には将来への備えとしての基本金があります。その一部を資産運用に回して、基本金を増やすという考えもあります。

　本当に資産が増えるならば、経営に苦しんでいる大学にとっても窮余の打開策として一考に値します。

　ところが、平成20 (2008) 年のリーマンショックが大学の金

融投資に冷や水を浴びせます。中には、200 億円以上の損失を
出した大学もありました。

　このため、私立大学の資産運用に関しては安全運転が目立ち
ます。運用対象資産は、私学全体で 8.2 兆円に達しますが、大
半は、現金預金と債権となっています（ただし、いまの状況を
考えると正しい選択かもしれません）。

18.1.　コモンファンド

　一方、アメリカの私立大学では資産運用により巨額の資金を
得ているところもあります。ハーバード大学では年に 3 兆円も
の資金を運用し、3000 億円の収益を上げています[47]。

　ただし、最初から、このような**基金** (endowment) があったわ
けではありません。アメリカでも、投資に回せる寄付金の額は、
それほど多くなかったのです。そこで、複数の大学がお金を出
し合い、まとまった資金を**コモンファンド** (common fund) とい
うプロに預けたのです。アメリカでは、株や債券だけでなく、
多様な投資が可能です。そこで、コモンファンドはリスクヘッ
ジをしながら、分散投資により確実に収益を上げていきました。

---

[47] ハーバードの学生数は 23000 人です。学費を年 500 万円として、1150
億円の収入にしかなりません。それよりも高い金額を資産運用で稼い
でいます。収益を奨学金の充実に使っていると表明していますが、本
来の教育研究機関の実態からは、かけ離れているような気がします。

そして、ハーバード大学、イエール大学、スタンフォード大学のように自前のファンドチームを立ち上げたところも出てきたのです。

　日本でも、私立大学が寄付金を原資とした資金を出し合い、日本版コモンファンドに資産運用を委ねるという構想がありました。大学資産共同運用機構です。しかし、実現しませんでした。実績のあるアメリカのコモンファンドに依頼しましたが、ドル建てでは収益を出せるが円では無理と言われたからです。このため、ドル建てでの運用も考えましたが、為替による影響を受けるため、収益が保証されません。つまり、ドルで収益があっても、円では損となる可能性があるからです。円の対ドルレートは 70 円から 150 円の幅があります。為替差損が出たのでは、資産運用の意味がなくなってしまいます。

　結局、大学資産共同運用機構は解散することになりました。ただし、多くの大学が寄付金を原資とした資金を出し合って、信頼できる運用先が利益を出すというスキームは悪くはないと思います。問題は、円建てて運用する限り、安定した収益を上げるのが難しいという現実ではないでしょうか。

18.2.　クラウドファンディング

　最近、注目を集めているのが**クラウドファンディング** (crowd funding) です。インターネットを使って、不特定多数のひとから

ら資金を得る方法です。多くの大学において、成功事例も出てきており、研究環境の改善・産学連携の活性化にも役立っています。

　ファンディングには、購入型と寄付型の 2 種類があります。購入型では、研究や活動に関する物品やサービスを購入することによって支援する方法です。大学のプロジェクト提案者は、適切な見返り（リターン）を用意してプロジェクト成立後、支援者に送ります。とはいっても、大学の場合、それほど高価なリターンが望めるわけではありません。

　一方、寄付型と呼ばれるものは、まさに寄付金と同じ扱いです。大学の研究や活動を純粋に支援する方法であり、確定申告すれば税控除が受けられます。これは、寄付金税額控除と同じ仕組みです。それほど大きな金額ではないため集めやすいようです。クラウドファンディングは、大学の規模に関係なく、簡単に始められる資金集めの手段となります。また、社会貢献などテーマによっては、学生活動の一助にもなります。

18.3.　大学債

　いま大学債が注目を集めています。大学が発行する債券です。東京大学（以下東大）は 40 年の償還で 200 億円分発行し、あっという間に売れ切れたということです。

債権というのは、いわゆる借金です。東大は、債権を買って
くれる機関に 200 億円の借金をします[48]。40 年後には、この元
本をそっくり返さなければいけません。しかし、金を貸した側
からみれば、元本返却だけでは、もちろんメリットがありませ
ん。東大は、債権を買ってくれた機関に、利子として毎年 0.8%
の金利を払うと約束しています。いまは、マイナス金利の時代
ですので、元本が保証されたうえで、これだけの利子を受け取
れるのであれば、安定した投資となります[49]。これが人気の理
由です。

　一方、東大にとっても、0.8% という利子が金融機関から借金
して払う利子よりも低ければ得をします。実際に、金利はこれ
以上になるでしょう。よって、双方にとってメリットがありま
す。

　ただし、東大は、これだけの利息を返済しなければなりませ
んが、毎年 800 億円を超える運営費交付金を国から受け取って
います。この安定した収入があるので、格付け機関から、トリ
プル A (AAA) を取得できるのです。

---

[48] 東大債は、個人の購入を認めていません。もともと 40 年という償還
期間を考えると、個人としての購入は無理です。
[49] かつて、大学債は借入金でしたが、平成 19 (2007) 年の証券取引法の
改正により有価証券となりました。つまり、満期前の譲渡が可能とな
り、債権としての流動性が生まれたのです。また、私立の小中高では、
寄付と同時に、保護者に無利子で学校債を引き受けてもらうところも
あったようですが、ここでの定義とは異なります。

　私立大学も、新キャンパス建設などの際は借金をして資金を調達します。自分の大学で発行する大学債の利子が、金融機関などから借りる利子よりも低ければ、同様に得をします。このため、大学債については、多くの私立大学が、その発行を検討したことがあります。実際に、信用格付けを取得した大学も多いですが A⁻ から AA⁺の格付けでした。ただし、大学債の発行まで至っていません。今は、金利が安いので、金融機関から借りたほうが便利だからです。

18.4.　教育研究に専念する

　資産運用は、それによって収益が得られるならば、魅力的ではあります。しかし、大学がやるべきことは、あくまでも教育・研究の充実です。それをおろそかにして投資に力を入れたのでは本末転倒です。

　アメリカにおける大学の資産運用の実績には見張るべきものがあり、大学がある程度自由にできる基金を持つことは魅力的ではあります。しかし、アメリカの有力大学には学費よりも高い収入を資産運用で得ているところもあります。大学間の競争も激化しており、大学内に運用部門を設けたり子会社として運用会社を抱えるところも出てきました。本来の教育機関のミッションから逸脱しています。いま一度、大学本来の使命を見つめ直すべきと思います。

さらに問題は、資産運用で得た金を何に使うかです。ひと
つは、多くの家計の負担になっている高い学費を下げられる
かどうかが鍵です。ただし、資産運用には不確定性もあるた
め、どこまで実現可能かどうかですが、一考に値します。よ
り現実的には、奨学金の充実でしょうか。

　また、グローバル化の推進や、DX 化への対応なども重要
です。特に、学生が海外経験をするための支援ができれば大
学の大きな魅力となります。ただし、ここでも、基本は同じ
です。教育・研究の充実を中心軸に据えること、そして、そ
のために必要な「グローバル」「多様性」そして「DX 推進」
に予算を投入することです。

　個人的には、若手の教員を増やすことに、ぜひ予算を投入
してほしいです。そして、初年次からの研究型アクティブラ
ーニングを含めた少人数教育に力を入れてほしいと思いま
す。それが、教育の高度化にもつながりますし、大学の魅力
もアップするはずです。

第 19 章　ガバナンス

日本の大学改革を妨げているのは教授会だ。教授会を意思決定の場から排除すればすべてうまくいく。そうだ。企業の役員会に相当する理事会を最高意思決定機関にしよう。

19.1.　学校教育法の改正

平成 26 (2014) 年に大学にとって重要な制度変更がありました。学校教育法が改正されたのです。改正前は

第九十三条　大学には、重要な事項を審議するため、教授会を置かなければならない。

となっていましたが、改正後は

第九十三条　大学に、教授会を置く。教授会は、学長が決定を行うに当たり意見を述べるものとする。

となったのです。

　教授会が、「重要な事項を審議する機関」から、「意見を述べる機関」に替わったのです。

19.2.　産業界からの提言

　この改正に関しては、民間からの強い要望がありました。たとえば、経済同友会は、教育問題委員会を設置し、平成 24 (2012) 年には大学改革を促しました。そのなかで、改革が進まないのは、大学ガバナンスの機能不全があると指摘したのです。そして「理事長や学長より教授会のほうが強い権限をもっている」として、教授会の決定権を奪うよう進言したのです。産業界の多くが同様の提言をしていました。それが、学校教育法の改正につながっています。

19.2.1.　教授会は悪者か

　確かに、大学によっては、教授会の決定によって重要な事項が否決されたこともあります。たとえば、キャンパス新築や移転が覆されたことがありました。また、教員にとって負荷のかかる改革には反対する傾向もあります。

　一方で、理事会の無謀な計画が教授会の反対で阻止されたこともあります。つまり、大学の将来計画に反対することがすべ

て問題とは言えないのです。教育と研究の向上につながらない
案件には、堂々と反対すべきです。

　いまは大学認証評価も厳しくなっていますから、教授会にせ
よ理事会にせよ大学運営に問題があれば、大学には「不適合」
を下すことができます[50]。

　さらに、教授会が強大な権限を握っているのは、ごく一部の
大学です。特に、複数の学部が地理的にも離れており、独立性
の強い国立大学などでは、異なる学部の教授会の対立も目立ち
ました。ただし、多くの私立大学、特に新興大学では、それは
ありません。

19.2.2.　理事会の位置づけ

　産業界は、大学の理事会を、民間企業の役員会と同じ位置づ
けとするよう提言しています。その結果、「学校法人の最高意思
決定機関は、合議制機関である理事会である。理事長は、学校
法人を代表し、その業務を総理する。」ということになったの
です。

　私は、この改正を知った時、正直、一部の大学では、大変な
ことになると思いました。私立大学には、いろいろな形態があ
ります。大学のミッションを理解し、大学の教育研究をより良

---

[50] ただし、1回の不適合で大学の補助金などが減額されるわけではありません。指摘された点を改善して、その結果を報告すえれば「不適合」は取り消されます。

いものにしようと理解を示す理事会も、もちろん存在しますが、そうではない理事会もあります。そこが意思決定を担うようになったら大学は崩壊します。

重要なことは、大学の本分である「教育と研究」を実践するのは、あくまでも、現場の教職員ということです。ここが、しっかりしていれば、大学の根幹は揺るぎません。しかし、理事会が不適切な介入をすれば、現場は混乱することになります。

19.3. 私立大学の不祥事

かつては、教員などによる研究費の不正使用がマスコミを賑わしましたが、いまでは少なくなっています。それは、組織的な対応ができるようになっているからです。

当時は、外部の競争的資金は、教員個人が獲得したものとみなされ、予算使用に関しても大学が口出ししにくい面がありました。しかし、不祥事が多発したおかげで、いまではルールも確立されてきました。

それでは、大学における不祥事にはどのようなものがあるのでしょうか。私学事業団などのウェブサイトを見れば、事例が載っています。教員によるセクハラやパワハラもありますが、実は、そのほとんどは理事会関連なのです。たとえば、犯罪事例としては

私立大学の犯罪事例

　　寄附金の不正受領、不正運用

　　設置認可の虚偽申請

　　入試不正

　　補助金の不正受給

　　大学資金の不正流用

　　私的横領

　　使途不明金の存在

　　わいせつ・ハラスメント行為

などがあります。また、犯罪ではありませんが、ガバナンスの点から問題と考えられる事案を挙げてみますと

私立大学のガバナンスから見た不適切問題

　　人事への不当な介入

　　不適切な業者選定

　　不必要な工事の強要

　　不必要な建造物建設

　　飲食代の付け回し

　　表に出ないハラスメント行為

　　不適正な役員報酬

大学を動かしているのは教職員です。ここが肝心です。しかし、産業界から提言された「ガバナンス改革」では、評議員会や理事会から、教職員をできるだけ排除するよう提言されています。

　これでは、「教育と研究」という大学の中心業務とは直接関係のないメンバーで構成される理事会により大学の意思が決定されることになります。これを何とかしないと、教職員の士気は下がるばかりではないでしょうか。

19.4. アメリカの理事会

　この点では、アメリカの私立大学の理事会がひとつのヒントになります。理事は、学外のメンバーですが、大学に多額の寄付をしたものが選ばれます。さらに、無報酬が基本です。

　そして、大学を守り、より良き方向に導く守護者 "guardian" たる存在なのです。大学運営は、学長ならびに大学執行部に一任します。ただし、間違った運営がされていると思ったときには、意見を言うことができます。また、長期的視野に立って、大学が進むべき方向についても意見を述べます。利害関係がなく、その大学を良くしようという大所高所からのご意見番です。

　もし、日本の私立大学において、外部から理事を任用するとしたら、他大などで大学運営に貢献した人などを登用すべきで

す。間違っても、大学から利益を得ようとする人間に任せては
いけません。

19.5.　日本はどうあるべきか

　日本の大学は、国立、公立、私立があり実に多種多様です。
そのガバナンスを一様に論じて、枠にはめることには無理があ
ります。

　理事会の在り方だけでなく、私立大学にはオーナー大学や、
理事長が非常勤など、いろいろな組織形態があり、一概に論じ
ることはできません。どんなに制度をいじったところで、抜け
穴はあります。最後は、「ひと」に尽きるからです。

　ただし、理事会はこうあるべきということは言えます。それ
は、大学運営を任せられる教学部門と事務組織があるならば、
信頼して、その応援団になることです。さらに、私立大学の理
事であれば知恵を出して寄付金を集めることも大きな仕事です。

　大学の使命は教育・研究が中心軸であり、それをもって社会
に貢献をする公器なのです。これは国立であっても、私立であ
っても変わりありません。

　そして、大学の教育・研究を通して、人材を育成し、社会に
有為な人材を輩出する。この基本を大学運営の中心に据えれば、
おのずと進むべき道は決まるのではないでしょうか。

第 20 章　大学の未来

　まず、前提として、大学の使命である「教育と研究」による人材育成と、それをもって「社会に貢献する」という基本は不変です。

　一方、そのミッションをどうやって達成するかは、当然、ICT技術の進展や、世界の急速なグローバル化、ボーダーレス化の浸透によって変化せざるを得ません。この変化に柔軟に対応できる大学が未来の大学ということになります。

20.1.　教育界の黒船

　平成 15 (2003) 年に教育界を揺るがす事件がありました。MITが自大学の講義をインターネットに開放すると宣言したのです。いわゆる OCW (open course ware) です。しかも、講義の視聴は無料というのも衝撃でした。

　世界中、どこに居ても、インターネットにつなげれば、世界最高レベルの講義を聴講できるというシステムです。さらに、一定の金額を払えば、単位取得も可能となるのです。この方式であれば、他国にキャンパスがなくとも、世界を席巻できます。

20.2. MOOCs の誕生

ただし、OCW は大学の講義をそのまま配信するだけです。そこで、インターネット配信用に教育コンテンツを充実し、講義内容も工夫した MOOCs (massive open online courses) が誕生しました。日本語では、**大規模公開オンライン講座**と訳しています。

MOOCs はオンラインで誰でもが、無償で利用できるコースを提供するサービスです。希望する修了者は有料で修了証を取得できます。世界トップクラスの大学・機関によってさまざまなコースが提供されています。"Coursera"「コーセラ」、"edX"「エデックス」への登録者数合計は 1 億 3 千万人以上に達しており、MOOCs を利用した世界規模の高等教育プラットフォームが形成されています。

MOOCs が注目を集めたのは、2013 年にモンゴルの 16 歳の少年が、特待生で MIT に合格した事案からです。彼は、インターネットで英語を勉強し、さらに MOOCs で電子工学を学び MIT に合格したのです。

私は、MOOCs 構想を聞いた時、教育に革命が起こると思いました。そして、これは高等教育をよりよいものにするチャンスであるとも思いました。一方通行の座学は MOOCs に任せて、教員は tutor となればよいのです。

それでは、大学教育だけでなく、大学そのものが不要になる

のではという指摘もありますが、実験や実習は MOOCs では教育できません。教員は、研究室での指導を含めたアクティブラーニングに重点を移すことで、教育の高度化ができます。

その後、日本にも J-MOOC が登場し、日本語での講義もインターネットで配信されています。ただし、教育革命は起きていません。いまだに、多くの大学が独自の講義を継続しています。

これは、オンライン講義で単位を与えることに、多くの大学が否定的だったことが背景にあります。すでに紹介したように、コロナ禍以前であっても、60 単位までオンライン講義による単位付与が認められていたのです。しかし、それを利用する大学はほとんどありませんでした。

20.3. コロナ禍がもたらした変化

しかし、コロナ禍が事情を一変させたのです。それまで遠隔授業に消極的だった大学が、オンライン授業にシフトせざるを得なくなったのです。

ここで、顕在化したのが授業の質の問題でした。それまでは、ブラックボックスだった授業が表舞台に引きずりだされたのです。そして、教員による授業内容の格差が顕著となったのです。

私立大学は高い授業料を課しています。大学は、それに値するだけの授業をしているのかという疑問が学生や親や社会から

寄せられたのです[51]。いまだに、多くの大学では授業は教員個人に委ねられています。正直、手抜き授業もあります。コロナ禍でも、プリントを配るだけの授業もありました。その実態があぶり出されたと言えるのではないでしょうか。

　これを機に、授業を組織的運営に変え、カリキュラムの整備と、シラバスの整備、そして双方向授業の導入に踏み切れるかどうかが大学にとって重要となるでしょう。そして、学生の授業への主体的参加を促すツールとしてオンライン講義を利用することも重要となります。

20. 4.　大学設置基準改正

　教職協働で紹介した令和 4 (2022) 年 10 月の大学設置基準の改正により、オンライン授業による単位数の上限 60 単位が緩和されることになりました。ただし、これは、特例制度で、認められるのは「内部質保証体制の確立など先導的な教育課程をつくろうとする」大学となっています。

　この他にも、単位互換による単位数の上限の緩和や、校地面積や校舎面積基準も緩和されます。この制度を活用すれば、海外留学中でも、単位取得が可能になるなどのメリットがあります。また、フィールドワークの多い大学では、遠隔の実習先で

---

[51] 日本の平均年収は 1990 年の 460 万円から、ほとんど上がっていません。むしろ 2018 年は 430 万円と下がっています。一方、私立大学の学費は 1980 年の年 50 万円程度から、120 万円へと倍増しています。

も受講が可能となるなど、教育の多様化が可能になります。学生が希望すれば、大学から離れた自治体や企業での長期実習も問題なくなるでしょう。

また、海外大学とのジョイントディグリーやダブルディグリーの実施にも障壁が低くなります。日本国内でも、大学間の単位互換制度はありましたが、有効利用されていません。結局、その大学に行かなければ、単位が取得できないからです。それがオンラインで受講が可能となれば、手軽に他大学の良質な講義を受けることができます。

実は、この特例制度には、もうひとつの効果があります。この制度に申請して認定されれば、「内部質保証体制の確立された先導的な大学」であると公的に認められるということです。これは大学のステータス向上に役立ちます。

そして、特例制度を利用すれば、より自由度が増えることになり、工夫次第では、学生にとって魅力的なカリキュラムを組むことが可能となります。

20.5. ミネルバ大学

平成 25 (2013) 年に設立された全寮制の 4 年制総合大学です。アメリカのサンフランシスコに本部を置きますが、特徴は、特定のキャンパスを保有していないことです。

学生は 4 年間で世界 7 都市に移り住みながら、オンラインで授業を受講します。大学名の**ミネルバ (Minerva)** は、ローマ神話の知恵の女神を意味しています。

世界から入学志願者が殺到しており、その合格率は 2% 未満の超難関と言われています。

ミネルバ大学が設立された背景のひとつに、アメリカのエリート大学の学費の高騰があります。学費だけで年 600 万円を超え、寮費や生活費を入れると 1000 万円にもなります。奨学金もありますが、基本的には裕福な家庭の子供しか入れません。

そこで、学費の低廉化と、エリート大学が行ってきた水準の高い少数精鋭教育をオンラインで実施するのが狙いで設立されたのがミネルバ大学です。しかも、学生は高度な教育だけでなく、グローバルで多様性に富んだ環境で学ぶこともできます。

大学設置基準が緩和されれば、日本においてもミネルバ大学のような大学の設置が可能になります。今後は、東南アジアの大学との連携や、日本国内における大学連携も進むことになるでしょう。

20. 6.　学修証明

MOOCs は、とても魅力的な制度であり、世界中で 2 億人を超える受講者が居ますが、修了証明の取得者は 5% にも満たないと言われています。

それでも 1000 万人以上がいることになりますが、課題のひとつが、修了証が学位や単位の証明に直接つながらないということです。もちろん、対価を払うことで大学の取得単位として認められる場合もあります。

　ここで、もし MOOCs を含めて、いろいろな組織が提供している学修プログラムに公的な証明書が発行されたらどうでしょうか。もちろん、大手の IT 企業などは、スキルのある技術者を採用するため、自社内で通用する証明書を発行していますが、より公的かつ正式な学修記録として認められればキャリア形成にも使えます。

20. 6. 1.　マイクロクレデンシャル

　最近、注目を集めているものに、**マイクロクレデンシャル** (micro-credentials) があります。"credentials"とは「資格証明書」という意味の英語です。"micro"は「ミクロ」であり、マイクロクレデンシャルで、ある特定分野における学修証明のことです。これに対し、学士や修士の**学位** (degree) を、**マクロクレデンシャル** (macro-credentials) と呼ぶことがあります。

　いま仕事に必要とされるスキルは細分化されています。「情報工学」"information technology：IT" というマクロクレデンシャルを持っていたとしても、具体的に何ができるかが不明です。

そこで、より具体的に「Python というプログラムで多変量解析ができる」という能力に対して学修証明を出すのです。これがマイクロクレデンシャルです。これなら、企業が採用する際の参考にもなります。また、企業内で新たなスキルが必要になった際（アップスキリング; upskilling ）に、そのスキルを学修した証明として取り扱うこともできます。

20. 6. 2.　いかに認定するか

現在、マイクロクレデンシャルを公的な証明として通用させる動きが世界的にあります。すでに、ヨーロッパ域内の大学では、単位互換の取り決めがあり、国を移動しても 4 年で学位が取得できる仕組みがありました。**ディプロマサプリメント** (diploma supplement) と呼ばれる単位の取得証明書も発行され、それを他国の大学に持ち込むことが可能なのです。

これを、より詳細かつ具体的な学修内容に拡大したものがマイクロクレデンシャルとなります。いま、公的認定のための世界的なルールづくりが始まっています。そして、マイクロクレデンシャルの単位認定を蓄積することで、本格的な学位取得につなげようという動きもあります。

いまや、人生 100 年時代と呼ばれ、生涯教育も叫ばれていますが、マイクロクレデンシャルが公的な学修記録証明となれば、

時間や場所にとらわれずに、多くのひとが学位取得を目指すことも可能となります。

20.6.3. オープンバッジ

ところで、マイクロクレデンシャルが公的な学修記録証明書として認定されるためには、その信用が大切になります。いかに責任をもって認証するかですが、認定基準についてはヨーロッパの ECTS（European Credit Transfer and Accumulation System：ヨーロッパ単位互換評価制度）をはじめとして、アジアでも The UMAP 単位互換方式（UCTS：UMAP Credit Transfer Scheme）が整備され、多くの留学生が利用しています。

ここで、重要になるのが、学修記録証明の信ぴょう性です。紙媒体では偽造も横行しています。発行元に問い合わせても時間がかかる場合もあります。

いま、注目を集めているのが**オープンバッジ**（Open Badges）です。これは、国際的な技術標準規格（1EdTech Consortium）にそって発行される**デジタル証明書**（digital credentials）のことです。ブロックチェーン技術を取り入れて、改ざんや偽造ができない仕組みを取り入れています。このように、マイクロクレデンシャルとオープンバッチの組合せで、学修記録証明が世界で認知される日が近づいているのです。当然、MOOCs も視野に入っています。これは、私立大学にとって脅威となります。ま

ずは、年初に一括で授業料を収めるという制度が変わる可能性
があります。つまり、授業ごとに学修証明書が出るならば、そ
れに対して対価としての授業料を払うというほうが自然だから
です。

　つぎに、多くの座学は MOOCs などの授業に置き換わる可能
性があります。同じ内容を学習するならば、授業のうまい講師
に教わったほうがよいからです。

　ただし、大学の教育の良さは、一方通行の講義ではありませ
ん。卒業研究やゼミ、また、PBL 型のアクティブラーニングが
教育の真髄です。"I do and I understand" という孔子の言葉が重
要になります。とすれば、大学が向かうべきは、アクティブラ
ーニングの充実ではないでしょうか。

　さらに、研究を通した教育も MOOCs などではできません。
むしろ、オンラインの活用により、1 年生から研究に従事でき
る体制ができるならば、それが本来の大学教育の姿となるので
はないでしょうか。そして、教員は teacher ではなく tutor や
facilitator になる。まさに、学生の「主体性」を促す教育
"self-directed learning" です。ただし、そのためには、少人数で
密度の濃い教育が必要となります。

おわりに

　大学には「不易と流行」が必要です。不易とは変わらないもの、つまり、「大学は教育研究を通して人材育成する」というミッションは不変であり普遍です。

　一方、大学の教育手法や研究の在り方は、時代の変化とともに進化する必要があります。たとえば、デジタル技術の進展やインターネットの普及は 30 年前には考えられないものでした。これら社会の変化に順応することも重要です。

　いずれ、いつの時代においても、どんなに時代が変わろうとも「教育」が、国家の中心にあることは変わりません。

　"Education is far-sighted national policy."

　教育は国家百年の計

　"The collapse of education is the collapse of nation."

　教育を崩壊すれば、その国は亡びる

　"Education is the most powerful weapon which you can use to change the world."

　教育は、世界を変える最も強力な武器である

　このことを肝に銘じて、大学運営を行えば、道をあやまることはないはずです。

参考文献

両角亜希子「日本の大学経営」（東信堂）

両角亜希子「学長リーダーシップの条件」（東信堂）

小林雅之、山田礼子「大学のIR」（慶應義塾大学出版会）

小方直幸「大学マネジメント論」（放送大学教育振興会）

濱名篤「学修成果への挑戦」（東信堂）

井上雅裕「大学のデジタル改革」（東京電機大学出版局）

村上雅人「教職協働による大学改革の軌跡」（東信堂）

杉山裕之、石川憲一「KIT教育改革の軌跡」（金沢工業大学）

山本正治「マイウェイ学長の記録」（新潟日報事業社）

山本眞一、村上義紀、野田邦弘「新時代の大学経営人材」（ジアース教育新社）

水戸英則「今、なぜ「大学改革」か?」（丸善プラネット）

長谷川昌弘「学生と若者のためのキャリアデザイン教室」（電気書院）

山本秀樹「世界のエリートが今一番入りたい大学ミネルバ」（ダイヤモンド社）

鶴蒔靖夫「新たなる大学像をめざして－なぜ共愛学園国際前橋大学はなぜ注目されるのか」（IN通信社）

謝辞

　東京大学の両角亜希子教授には原稿に目を通していただきました。

　また、本稿をまとめるにあたり、慶応大学の井上雅裕教授、芝浦工業大学吉川倫子部長、小倉佑介課長、竹井和典課長には貴重な意見をいただきました。

　ここに謝意を表します。

著者紹介

村上　雅人

ウニベルシタス研究所　顧問
理工数学研究所 所長 工学博士
情報・システム研究機構 監事
2012 年より 2021 年まで芝浦工業大学学長
2021 年より岩手県 DX アドバイザー
現在、日本数学検定協会評議員、日本工学アカデミー理事
技術同友会会員、日本技術者連盟会長
著書
教職協働による大学改革の軌跡（東信堂, 2021）
不確実性の時代を元気に生きる（海鳴社, 2021）
SDGs を吟味する（飛翔舎, 2022）
など多数

ウニベルシタス研究所叢書
大学をいかに経営するか

2023 年　2 月　1 日　第 1 刷　発行
2024 年　2 月 15 日　第 2 刷　発行

発行所：合同会社飛翔舎 https://www.hishosha.com
　　　　住所：東京都杉並区荻窪三丁目 16 番 16 号
　　　　TEL：03-5930-7211　FAX：03-6240-1457
　　　　E-mail：info@hishosha.com

編集協力：小林信雄、吉本由紀子
組版：小林忍
印刷製本：株式会社シナノパブリッシングプレス

ウニベルシタス研究所叢書　　飛翔舎

日本の大学教育をよりよきものにしようと奮闘する教職員への応援歌

<好評既刊>

大学をいかに経営するか　　　　村上雅人　税込 1650 円
学長として大学改革を主導した著者が大学経営の基本は教育と
研究による人材育成の高度化であることを記した書

プロフェッショナル職員への道しるべ
―事務組織・人事・総務からみえる大学の現在・過去・未来―

　　　　　　　　　　　　　　　　大工原孝　税込 1650 円
ウニベルシタス研究所長であり、大学行政管理学会元会長が混迷
の時代に大学職員が進むべき道を指南

粗にして野だが　―大学職員奮闘記―山村昌次　税込 1650 円
永年、母校の大学職員として強い使命感と責任感のもと職務に当
たった著者が、学生への深い愛情と確かな指導力の大切さを説く

教職協働はなぜ必要か　　　　　吉川倫子　税込 1650 円
大学改革を教員との協働で成し遂げた著者が、教職協働の意義と
重要性を説いている。多くの大学人にとって参考となる書